理论与实践结合下的高校图书馆服务研究

李继萍　著

天津出版传媒集团
天津科学技术出版社

图书在版编目(CIP)数据

理论与实践结合下的高校图书馆服务研究 / 李继萍著. -- 天津 : 天津科学技术出版社, 2023.6

ISBN 978-7-5742-1299-2

Ⅰ. ①理… Ⅱ. ①李… Ⅲ. ①院校图书馆 - 图书馆服务 - 研究 Ⅳ. ①G258.6

中国国家版本馆CIP数据核字(2023)第113577号

理论与实践结合下的高校图书馆服务研究
LILUN YU SHIJIAN JIEHEXIA DE GAOXIAO TUSHUGUAN FUWU YANJIU

责任编辑：吴 頔

责任印制：兰 毅

出 版：天津出版传媒集团 / 天津科学技术出版社

地 址：天津市西康路35号

邮 编：300051

电 话：（022）23332377

网 址：www.tjkjcbs.com.cn

发 行：新华书店经销

印 刷：石家庄汇展印刷有限公司

开本 710 × 1000 1/16 印张 14.25 字数 205 000

2023年6月第1版第1次印刷

定价：88.00元

前言

高校图书馆是校园文化建设的重要组成部分，承担着保存文明、传播文化、提高大学生综合素养的重要职责。一方面，丰富的馆藏资源对人类文化的传承起着不可估量的作用；另一方面，图书馆也是校园的文化活动中心，通过举办学术沙龙、名家讲座、书画展览、音乐欣赏、电影展映等活动，提升学生的人文素养，彰显图书馆的文化品位，打造校园文化品牌。在新的功能定位下，高校图书馆逐步突破传统服务范式的藩篱，探索用户服务的新模式和新手段，逐渐建构更为系统化、多元化的用户服务体系。

本书分为七个章节，本着理论与实践相结合的原则对高校图书馆服务问题进行探讨，以达到多角度、多方法研究高校图书馆的服务。

第一章为概述，从理论出发，对高校图书馆服务基础理论、高校图书馆服务职能以及高校图书馆服务手段进行分析，增加读者对图书馆服务的认识。

第二章主题为高校图书馆信息化服务，内容主要包括高校图书馆微信信息服务、高校图书馆个性化信息服务、高校图书馆公共信息服务与面向企业的高校图书馆信息服务。

第三章主题为高校图书馆社会化服务，其内容主要有高校图书馆社会化服务概述、高校图书馆社会化服务模式、高校图书馆社会化服务对策。

第四章主题为高校图书馆学科化服务，包括高校图书馆学科化服务认识、高校图书馆学科化服务模式、高校图书馆学科化服务实施三部分内容。

第五章主题为高校图书馆多元化服务模式，包括高校图书馆知识服务模式、高校图书馆管理与阅读服务模式、高校图书馆智慧信息服务模式。

第六章主题为智慧时代高校图书馆服务创新，主要内容有智慧时代高校图书馆服务创新概念界定、智慧时代高校图书馆服务创新体系及运行模式、智慧时代高校图书馆服务创新基本路径。

第七章主题为高校图书馆服务营销策略分析，内容主要包括高校图书馆服务营销诠释、高校图书馆服务营销实证以及高校图书馆服务营销策略。

本书适用于高校图书馆从业人员，具有一定的学习与参考价值。在本书的编写过程中得到了很多专家、教授的帮助，并从中受到了启迪，特向他们表示诚挚的敬意。由于笔者知识与经验的局限性，书中的不足之处在所难免，恳请广大读者提出宝贵意见和建议。

目 录

第一章　概述

第一节　高校图书馆服务基础理论

一、高校图书馆服务的概念界定

（一）服务的一般认识

1. 服务的概念

服务是一个广泛的概念，它包括满足他人需求的各种活动。在高校图书馆服务中，服务是指以满足读者需求为目的，为读者提供各种信息资源，帮助他们进行学习和研究的活动。高校图书馆服务的目标是为读者提供满足其信息需求的各种资源和服务，这些服务包括但不限于借阅、文献传递、参考咨询、信息咨询、教育培训、数字资源利用等方面。高校图书馆作为学术文化传承的重要场所，除了提供图书借阅等基本服务，更重要的是要将服务精神体现在每一个服务环节，不断提升服务质量和服务水平，满足读者多样化的需求。

2. 服务的特征

（1）以用户为中心、以用户满意为目标。服务是满足用户需求的活动，服务要以用户为中心，以满足用户的知识需求为出发点，根据用户实际需要搜集各种信息，为用户克服因信息分散而造成的检索困难提供索引指南，为用户便于理解和吸收知识提供经过提炼、加工和重组的新的知识产品。服务强调利用自己独特的知识和能力，直接介入用户解决问题的过程，帮助用户解决他们自身难以解决的问题，为用户提供知识并创造价值。

用户是服务工作的中心，是服务质量的最终评价者。服务以满足用户的知识需求为目标，了解用户的动态知识需求，研究用户的知识需求规律，为用户提供全面、准确、有效的知识信息，提高服务的针对性和实效性，使用户高效迅速地获取和利用知识去解决所面临的问题，以实现让用户满意的服务目标。

（2）面向解决方案，贯穿用户信息活动的始终。服务关心并致力帮助用户找到或形成解决方案，而解决方案的形成过程又是一个对信息和知识不断查询、分析、组合的过程。因此，服务将围绕解决方案的形成和完善而贯穿用户信息活动的始终。用户信息需求的产生和利用信息解决问题的过程受多种因素的影响，中间缺少任何一个环节或条件不充分都可能影响信息需求向利用知识的实际行为的转化。而且随着环境等外部因素的变化以及用户解决问题的不断深入，用户信息需求或行为也会发生变化，潜在的需求可能突显而变成实际的信息行为，已开始的信息行为也可能因某种原因而中止。置身于用户信息活动过程之外，是看不到这些变化的，因而也就无法真正解决用户的问题。所以，服务从了解、分析、研究用户问题开始，有针对性地搜集相关信息，帮助用户调整和确定信息活动的目标，并随时根据用户信息活动的变化重新筛选和组织信息，从始至终不断提供用户解决问题所需要的知识。

（3）服务内容个性化知识。服务从用户的角度出发、为用户量身定做知识解决方案。不同的用户需要解决的问题不尽相同，即使是拥有同一类或同一问题的用户也会因为自身特点和外在环境的影响，需要差异性的解决方案，因此每个用户的解决方案是唯一的、特定的，需要创造出有利于知识应用和创新的个性化空间。另外服务强调根据用户的具体需求和信息偏好，建立用户个性化需求模型，采取适合用户的个性化服务方式，帮助用户寻找知识、解决问题，为其提供针对实际问题的解决方案。

（4）面向知识内容，实现知识价值。服务需要重视用户知识需求中的知识内容，根据用户提出的问题和问题环境进行用户需求分析，从大量的数据集合中找出有用的信息，通过对信息进行分类、组织和描述，揭示信息内容，分析各种信息内容结构之间隐含的知识关联，找出与用户需求相匹配的知识，并把知识内容用科学的方法显示出来，形成适合用户解决问题的方案，即将最恰当的知识在最恰当的时间传递给最需要的人。在对信息进行分析、过滤、重组和形成知识产品的过程中，在用户应用知识的过程中，使知识的价值得以实现。

知识的价值在于使用，只有被更多的用户用于解决实际问题，知识才能充分实现其价值，知识的价值才会得到体现和提升，服务正是把知识的价值实现定位于满足用户的知识需求、解决用户的实际问题上。服务关注和强调利用自己独特的知识和能力，根据用户的需求，帮助用户检索所需信息，并对大量的信息知识进行分析、过滤、加工、管理直至获得能解决用户实际问题的知识，形成新的具有独特价值的知识产品。这不仅使得知识本身的价值得以实现，而且使检索、分析、加工、重组知识这一服务过程的价值得以实现。服务是通过服务人员的知识和专业能力为原有的知识增添新的价值，通过提高用户知识应用和知识创新效率来实现知识和服务的价值。

（5）面向创新的服务。如果说服务中知识的价值体现在能解决用户的实际问题，那么服务的价值就在于满足用户的信息需要，并帮助用户实现知识的利用和创新。在服务过程中需收集各种信息资源，采用多种信息技术对它们进行整理、筛选、重组，形成能解决用户问题的新知识，这个过程是新知识的创造过程。同时，用户利用经过组织、加工、整合形成的新知识，再将它们转化为更高层次的生产力，并由此创造出更新的知识。也就是说，一方面，根据用户的需求收集和提供的最新信息，可以使用户在解决问题的过程中不断启发新思维，创造新知识；另一方面，通过对知识信息的收集、加工、整理、分析与综合，使无序的信息变得有序，使固化的知识得以活化，工作人员在这一过程中也融入了大量个人的智慧和能力，这也是知识增值和创新的过程。

（6）服务具有可共享性。知识具有无体性，能被无限利用或由多人共享，因此任何人都可以获得知识。有形的知识产品，因其可储存、可转运的特性，能够方便地流通。服务内容方面，无论是否可具体地呈现，服务需求者不但在接受服务时可以多人共享服务过程，而且在服务完成后，接受服务的用户也可将其所学习到的知识授予他人，达到共享的目的。

3. 服务的要求

知识的存在以及人类对知识信息的需求，是文献信息工作产生和发展的内在动力。在现代网络化信息环境下，用户的信息需求已发生根本性变化，向着综合化、专业化、集成化、高效化、个性化和精品化方向发展，用户需求的变化必然对服务工作提出更高的要求。

（1）服务资源的数字化和共享。服务资源的数字化是指利用现代信息技术和网络通信技术，根据用户的需求，有选择地将各类传统介质的文献进行压缩处理并转化为数字信息，数字存储技术的出现和普及为信息数字化提供了便利条件。服务资源的数字化主要包含两层含义：一是将服务机构内存储的印刷型文献资源数字化，形成数字化的馆藏知识信息；二是广泛收集网络上的信息资源，并用统一的标准进行有序化处理，为服务提供资源保障。

网络环境下，不同地域和不同学科的信息资源都可以以数字化方式存储、网络化方式传递，使跨地区、跨国界的信息资源得以共享。各服务机构在开展知识服务的过程中，应致力相互间的协调合作，走合理布局、联合建设数字化资源的道路，通过计算机网络的无缝连接，实现分布式跨库检索，实现全球范围的资源共享。

（2）服务内容的创新。服务的特点就是面向知识内容提供增值的服务。在知识经济时代，知识的内涵和外延都得到了扩展。人们在获取知识信息的过程中更看重知识内容的浓度，更关注隐性知识的获取。各服务机构在服务过程中必须有针对性地选择信息，提炼知识，将检索到的信息经分析、鉴定、过滤、重组，形成符合用户需求的精练的知识产品；在知识的提炼过程中将储存在人大脑里和隐含在各种媒体内的隐性知识显性化，提高知识的可获取性。

服务内容的创新是指不断创造新的知识以满足用户不断变化的新的知识需求，服务注重知识内容的原创性和知识的再开发，对原创性知识内容必须具备敏锐的洞察力，密切关注社会最新的热点需求，及时收集信息，加工处理，并在最短的时间内提供给最需要的用户。在知识的再开发中，应根据用户的需求在原创性知识的基础上不断融入新的想法和新的知识，形成自主创新的知识内容，以更具针对性和实用性的再生知识满足用户新的知识需求。

（3）服务方式的网络化、智能化。现代服务是基于网络的服务，更便于充分利用先进的网络技术和管理系统进行知识集成、系统集成、人力集成、服务集成，网络化和智能化的知识服务可以使服务的功能和效益达到最大化。知识集成通过对知识资源加以聚类、重组，进行知识创新；系统集成可将分布在网上的各类数据库和知识库系统链接起来，提高系统的检索性能和服务能力；人力集成是指围绕具体服务项目组织多方面人员协同合作，利用多方面的专业知识提高服务的质量和效率；服务集成以用户需求为中心，集各种服务于一体，以全方位的服务满足用户需求。网络传输的知识信息量更大、时效性更快、交互性更强，更便于用户分类查询检索，且不受时间地域限制。智能化技术手段的应用，能吸引更多的人走进网络，接受知识服务。从过去以物质和能量为基础的物理服务平台转向以网络为基础的虚拟服务平台，改变了基于固有资源或系统的面对面的服务方式，以虚拟的基于分布式、多样化动态资源或智能系统的服务方式来支持服务的功能和过程。

（4）服务过程的全程化和一体化。服务过程的全程化是将服务贯穿用户解决问题的全过程。在最初接触用户时，服务人员会尽快了解用户在想什么，需要什么样的服务，针对用户的真正需求对信息和知识进行查询、分析、组织，直至帮助用户形成解决方案，并在方案应用过程中全程跟踪，及时发现问题，找出解决问题的方法，不断完善解决方案，实现动态和连续的全程服务。

服务过程的一体化是指服务人员或服务系统融入用户的信息活动过程之中，与用户形成紧密的双向沟通关系，根据用户的信息行为分析用户的需求现状并预测用户未来可能的需求，密切关注用户利用知识的效果，并根据用户具体的反馈信息随时调整服务方式和策略，在自己服务的范围内与用户融为一体、协同工作，增强服务的有效性。

（二）高校图书馆服务概述

1. 高校图书馆服务的概念

高校图书馆服务是在高校范围内，运用图书馆资源满足特定读者对文献信息需求的行为和过程。图书馆作为教学辅助部门，其职能之一就是为教学科研人员提供优质高效的服务，最大限度地满足读者对文献信息的需求。读者是否满意是检验图书馆服务质量高低的标准，其服务效益是在自身资源的服务过程中形成的。提升高校图书馆服务效益的主要目的是，提升图书馆的服务质量，满足高校对教学、科研和管理的需求。每个高校都有自己的办学特色，而且院系设置、专业方向很明确，这就使得高校图书馆数字资源的建设自始至终都围绕着学校的专业构成来开展，因此资源具有很强的专业性、针对性，这一点与包罗万象的信息不同。高校图书馆的服务功能也围绕特定读者的学习、工作和科研、管理需求而开展。

2. 高校图书馆服务的特征

（1）以读者为中心，以满足读者需求为目标。“一切为了读者。”读者是高校图书馆服务的核心，是服务质量的最终评价者。高校图书馆服务是满足读者知识需求的活动，以读者为中心，以满足读者需求为目标，高校图书馆的一切服务活动都要以此为根本出发点，了解读者的动态性知识需求，研究读者的知识需求规律，强调利用自身的资源和能力，直接介入读者解决问题的过程，根据实际问题为读者提供全面、准确的知识信息，提供经过加工、重组后的知识产品。

针对不同读者的问题，提供的解决方案不同；即使同一问题的读者也会根据问题解决过程中各阶段的不同特点和外在因素的变化而产生不同的方案。可以说，服务是针对不同读者提出的特定问题和具体要求而量身定做的知识产品，能够为用户提供知识并创造价值，通过深层次的服务，一方面使知识的价值得以实现，使服务成为有价值的服务；另一方面，也提高了服务的针对性，将图书馆丰富的知识资源和工作人员专业的服务能力相结合，帮助读者快速获取知识并将知识应用到实际中去，使读者得到满意的服务。

（2）面向知识内容，实现知识价值。高校图书馆服务是面向知识内容的服务。知识经济时代，显性的知识信息对高校师生的教学科研的作用并不大，这些知识信息大量且无序，如不对其进行有序整理、浓缩提取，纵使为读者提供了大量的信息，对其效用也不大，因此，高校图书馆服务工作需深入到文献知识的单元，开展深层次的信息加工，形成各种决策性的规范报告，以满足读者需要。同时，高校图书馆应高度重视读者所需信息中隐含的知识内容，根据读者提出的问题和问题环境进行需求分析，动态地收集、分析、选择信息，分析相关信息内容结构之间隐含的知识关系，深层次地开发、加工、重组出有用的知识，形成适合读者解决问题的方案，提供给读者。不仅使知识本身的价值得以实现，也使检索、分析、加工、重组知识的服务过程的价值得以实现，实现知识价值。

（3）面向解决方案，贯穿读者信息活动的始终。在现代信息环境下，信息资源分布的不均衡和信息难以获取得到了极大的改善，信息检索与传递等传统的信息服务在读者活动中的影响逐渐淡化，读者关注的是如何获取解决当前面临问题的知识内容，并将这些知识内容进行创新，形成相应的解决方案。高校图书馆服务正是迎合了这一需求，面向解决方案，贯穿用户解决问题全过程，它关心并致力帮助读者形成解决问题的方案，而解决方案的形成过程又是一个对信息和知识不断查询、分析、组合的过程。知识服务从了解、分析、研究读者问题开始，有针对性地搜集相关信息，围绕读者信息活动的目标，自始至终不断提供读者解决问题所需要的知识。

（4）服务内容个性化。高校图书馆服务站在读者的角度，以读者为中心，面向科研过程，面向教学、研究，面向读者的具体问题，通过采用适合读者个体的多样化服务过程和个性化服务行为，设计开发个性化信息产品，开展学科化、专业化知识服务，支持读者基于个人需求的服务选择，为读者量身定做满足其需求的知识信息，帮助读者解决实际问题。同时，个性化服务也给高校图书馆工作人员提供了更大的创新空间，他们不再构建单一标准的产品，而是根据每一次学科知识服务的具体情况，动态地查询、选择、分析，利用相关知识，设计、创新知识产品形态以及服务组织、安排、协调方式等内容，为用户提供创新服务。所以，服务关注的焦点不是向读者提供其所需的信息，而是通过服务解决用户面临的问题，以满足读者灵活多样的需求为目标。

（5）服务具有集成性。高校图书馆开展服务需要围绕用户具体的需求，通过系统集成、服务集成、知识集成、人才集成等手段，将人力资源、信息资源和技术资源有机地整合起来，有效快捷地解决读者复杂的问题或知识需求，提升读者对服务认可度。它强调各个图书馆之间形成服务联盟，通过建立一种柔性的开放式组织结构，采取虚拟化的运作方式，集成不同的系统、资源、服务，联合起来共同提供服务。在这种综合集成性服务中，图书馆工作人员作为实施服务的主体，既要整合各种资源，又要协调好各种关系，同时担负着为读者提供服务的责任。所以，高校图书馆的集成性服务既提高了服务的灵活性和智能性，又增强了服务的功效。

（三）高校图书馆服务定位

1. 服务定位及高校图书馆服务定位

定位提供了服务差异化的机会。企业的产品和服务在顾客心目中的满意度直接影响到顾客的购买决定。服务定位是一个需要行业经过一定时期的发展和演变，通过市场的反馈，对现状进行总结和反思，做出调整，然后再传达给目标市场的过程。在商业竞争中，客户的满意度一直是商家考虑的重中之重，良好的服务是必不可缺的重要元素，因此，服务定位是商业竞争中的必备利器，只有做好科学的服务定位，才能敏感地感受到顾客的需求，使企业立于不败之地。

作为非营利性机构的高校图书馆虽然性质与商业企业不同，但本质都是为服务群体提供服务。近年来，随着时代的发展，一些高等院校的图书馆已经制定了发展规划，进行了全面定位，包括角色定位、目标定位、馆舍定位、馆藏定位、人员定位等。

2. 高校图书馆服务定位的内容

高校图书馆服务定位的内容主要包括以下几个方面。

（1）馆藏的建设。高校的发展要植根社会，为地方服务。随着经济的快速发展，越来越多的人需要更多的学习，需要获取更多的知识和信息，他们需要积极主动地去寻求信息和知识，大学校园内的图书馆恰好可以满足大多数读者对信息和资料的需要，这种合作可以成为一种双赢。

（2）文献查询功能的使用。文献查询功能与图书馆提供的传播知识和信息的服务有着本质的区别，这两项服务是高校图书馆为社会提供的两种途径的服务，其中文献查询功能是在开放图书借阅环境的条件下，市民进入图书馆查询和取阅资料，而图书馆传播知识和信息的服务，需要图书馆主动走进社会，向公众提供知识和信息。图书馆如果想发展文献查询功能，就需要更加积极主动地开放大部分的图书资料，以备公众查询和阅览；也可以根据公众的需求，组织高校图书馆的专业管理人员，就公众感兴趣的研究课题进行深入的现状研究和文献综述的整理，并根据公众的要求进行详细的讲解。

（3）交流平台的搭建。在经济快速发展的背景下，只有通过更加主动并且积极地获取知识，收集信息，学习技术，才能在激烈的市场竞争和危机中保全自己又脱颖而出，这就需要公众之间互相交流，加强信息的流通，调整产业结构，扩大产业规模。高校图书馆可以利用自身优势，开展学习培训的项目，扩展学习氛围，这样不但满足了公众对信息和知识的需求，也为公众提供了信息和知识交流的渠道，也为公众的学习搭建了平台，这样也为公众之间的合作项目提供了时间和空间。

（4）社会教育功能的实现。大学中的图书馆应该是专门传播文化、技术、知识以及科技的场所和平台，是物化的载体。《公共图书馆宣言》中表明，图书馆是通过公众的力量培养精神和文明的重要场所，对于培养教育和文化、提高信息和技术水平是一股有效的力量。高校图书馆可以帮助公众树立正确的、有意义的观念，可以增长其知识，使公众的思想得到洗涤，这对提升公民文化素质、建立社会主义和谐社会、构建学习型社会有着重要的意义。

二、高校图书馆服务的主要内容

（一）外借服务

1. 个人外借

个人外借是图书馆文献服务中最主要，也是基本的方式，它主要指的是读者按照自己的需要凭借书证在馆内借阅相关文献。每个读者的兴趣、爱好都有所不同，对文献的需求也会有所差异。个人外借能够使每个读者借到自己需要的书刊，满足读者千差万别的需求。所以，个人外借在各种外借方式中流通量最大，外借活动最为活跃。

高校图书馆的服务对象主要是教师和学生，这一读者群体阅读需求专业性比较强。在教学活动中，教师对教学用书特别是教学主要参考书的需求是大量的而且是经常的，品种、数量是比较稳定的。教学用书的流通工作是高校图书馆个人外借服务的主要内容。教学工作是有阶段性的，开学、上课、考试、放假，每个教学阶段的活动内容和特点不同，读者在不同阶段对文献资料的需求也有比较明显的差异。

2. 预约外借

预约外借是指读者向图书馆预约登记自己所需的文献，图书馆将读者所需文献入藏或别的读者把文献归还图书馆以后，即根据预约登记的先后顺序通知读者到馆办理借阅手续的一种外借服务方法。一般来说，读者一时借不到所需文献，主要原因有以下三点：读者所需文献已经被别的读者借阅，暂时还没有归还；读者所需文献虽然已经采购到馆，但是还没有加工完毕，尚未入库流通；读者所需文献排架出现差错，一时没有办法满足借阅需求。不管是哪种原因，只要读者所需文献归还图书馆或加工完毕入库流通，图书馆都将按照读者登记的顺序通知读者到馆办理借阅手续。所以，这种方法在满足读者的借阅需求、方便读者的同时，也对降低文献“拒借率”，提高馆藏文献的利用率有十分明显的作用。

3. 馆际互借

馆际互借是图书馆之间经过协商，在建立互借关系的基础上，相互利用对方的馆藏，以充分满足读者需要的一种外借服务方式。由于每个图书馆收藏文献的范围、品种、数量都是有限的，因此各个图书馆单靠本馆的藏书很难满足各类型读者多种多样的借阅需求。馆际互借可以让各馆之间互通有无，使一馆之藏为多馆所用，使文献仅在一馆一地发挥作用转为在全市、全省，甚至全国发挥作用，是实行图书资源共享的重要手段。

4. 通借通还

通借通还服务指的是读者可以到图书馆任一分馆借阅、归还本馆或其他分馆的图书。通借服务主要包括两个方面含义，一是读者可以到图书馆的任一分馆借书，另一个是读者可以在任一分馆或图书馆主页上委托外借其他分馆馆藏的图书；通还服务即是读者可以在图书馆任一分馆归还其他分馆馆藏的图书，再由图书馆的工作人员将这些图书送到其所属的分馆。目前高校的通借通还服务一般指的是在同一所高校的多个校区之间开展此项服务。

（二）阅览服务

1. 图书阅览

图书阅览是图书馆为读者服务的传统型的重要文献流通工作，不仅受到所有图书馆的重视，而且也在不断地创新和发展。目前，高校图书馆图书阅览的方式主要有以下几种。

（1）闭架阅览。闭架阅览主要是指不允许读者进入书架自由挑选，而必须由管理员根据读者所需书目进行馆内查找，然后交给读者进行阅读的方式。这样的方式允许读者进入阅览室，但是不允许读者自己取书。这种阅览方式的优点是能够保证图书排架整齐、不遗失，缺点是不方便读者阅读，十分耗费人力物力。目前，这种阅览方式正慢慢被淘汰。

（2）半开架阅览。半开架阅览主要是指图书馆利用陈列展览的形式，在闭架阅览的基础上，把一些流通量比较大的图书或最新入馆的图书放到特制的书架上，读者可以看到书脊或封面的内容，然后进行浏览挑选，通过管理员提取借阅的一种阅览方式。这种阅览方式也具有一定的局限性，虽然读者能够看到少部分的图书信息，但是读者整体预览时不方便，而且需要管理员进行管理，比较麻烦。

（3）开架阅览。开架阅览主要是指图书馆允许读者进入阅览室，读者可以在书架上自由挑选取阅图书的一种服务方式。在这种阅览服务中，读者有高度的自主权。首先，读者能够进入阅览室，没有任何限制；其次，读者可以在书架上随意挑选图书，取阅文献。开架阅览可以扩展读者的视野，提高阅读的积极性，吸引更多的读者利用图书馆的图书资源。读者在以内容为依据排列的开架书库中，除了直接选择图书资源外，还可以接触到很多原来不了解的图书，在无形中开阔了视野，启发了潜在的需要，增长了知识，扩大了阅读范围，而且能够使管理员从繁忙的进库取书劳动中解脱出来，有更多的时间接近读者，了解读者的需求，开展宣传辅导和信息咨询工作。因此，这种开架阅览方式深受读者欢迎，也是现代图书馆服务发展的一种趋势。

从图书馆借阅体制的发展来看，开架阅览已经成为众多图书馆的首选阅览方式，每个图书馆都应该努力创造条件，把开架阅览作为本馆为读者开展阅览服务的首选方式，为读者利用馆藏文献提供更多的便利条件。

2. 多媒体阅览

（1）电子图书阅览。多媒体阅览室有一项重要的功能就是电子图书的阅览，随着电子图书的发展，越来越多的读者倾向于选择电子图书。电子图书携带方便、存储量大、传播速度快、传播费用低，而且只要拥有载体，就能够随时随地进行阅读，它充分发挥了计算机作为信息传播工具的巨大优势，成为当前信息社会中传播信息的一股强大的力量。现在很多图书馆多媒体阅览室都开放了电子图书借阅业务，如超星电子图书，它的出现使广大读者能够更加方便、安全、快捷地在电子阅览室阅览自己需要的资料。

（2）网络服务。随着通信技术、网络技术的迅猛发展，实现图书馆的网络化，为读者提供信息服务已经迫在眉睫。多媒体电子阅览室的网络服务主要是利用多媒体阅读设备，逐步向读者提供图书馆网页上所提供的馆藏书目查询、个人借阅查询、新书通报、参考咨询等各项服务。读者还能够在终端上随意选择、翻阅网上电子图书，浏览互联网上的各种信息。同时，读者还能够利用阅览室中的计算机终端对所需资料进行下载、打印、文件传输及发送 E-mail 等操作，进而使信息资源有效共享，为理论学习和科研服务。

（3）馆藏文献检索。由于多媒体阅览室系统与图书馆网络系统的联网，读者能够随时在多媒体阅览室的计算机上进行纸质文献的检索、续借、修改个人图书馆的信息等操作，因此极大地方便了纸质图书的流通和阅览。

（4）读者教育培训。计算机技术与网络技术的迅速普及与应用，一方面为读者提供了快速准确地获取信息的条件，另一方面又对读者的现代化检索技能提出了挑战。由于读者知识水平不同，他们在计算机操作、数据库检索、网络浏览等方面的熟练度也不同。此外，不管是信息检索还是资料阅读，读者都需要一个熟悉与掌握的过程，这就需要对读者进行检索方法的培训。再者，网络资源虽然很多，但是缺乏专门的机构来规范和整理，使得读者检索信息犹如大海捞针。因此，对读者进行教育和培训，就显得尤为重要。而电子阅览室强大的计算机设备和网络环境，正适合进行读者教育培训。

（三）参考咨询服务

1. 口头咨询

口头咨询是指咨询人员根据客户提出的相对简单的问题以口头形式给予回答的咨询服务活动，其多用于一般性的事实或知识性答询，只适用于时间比较急、精确度要求不高、内容比较简单的场合。咨询人员不需要经过查询就能够当面为用户解答。口头咨询的内容没有预见性，这就要求咨询人员具有较广的知识面和灵活的应对能力。

2. 电话咨询

（1）培养电话接听技巧。咨询人员的态度是体现服务质量的重要标准，在聆听读者咨询时，要保持思维敏捷，边听边记录，根据已知信息确定检索的主题和检索的范围及方向。

（2）配备必要的检索工具。电话咨询要求参考咨询人员迅速做出回答，因此应当配备必要的参考信息源及相关设备，参考信息源越丰富、越完整，咨询工作效率就越高。经常使用的参考信息源主要有以下三部分。

第一，基本检索工具，如《中国图书馆分类法》、百科全书、年鉴、手册等。

第二，自建参考信息源，如专题剪报、各种宣传资料等。如果剪报量大，应为剪报编制主题索引，方便查询。介绍馆内活动的资料是必不可少的，如各阅览室的开放时间、办证的注意事项、专项活动的安排等，一旦情况有变化，必须及时更新。

第三，计算机的配置。计算机的配置对参考咨询工作效率有很大影响，在解决网络信息检索、图书馆电子资源使用等问题时，更是离不开计算机和网络。

（3）限制电话解答时间。为了保证通信线路的畅通，应该对通话时间进行适当控制，尽量在控制时间内解答完提问。如果问题比较复杂，检索比较费时，可以设定回答时间，约请读者过些时间再打进来，这样既可以给咨询人员留足检索时间，又不会使读者等待太长时间，也不至于影响其他读者使用电话线路。

总之，咨询人员的目标应该是鼓励读者给图书馆打电话，以求最大限度地利用图书馆的信息资源。电话咨询适用于用户的事实型咨询，可以方便地服务那些不能到馆而有急需的用户。电信咨询的缺点是由于咨询问题的难易程度不一，咨询人员对问题的解答可能不及时或最终解答时间不能确定，往往会造成用户多次打电话询问。而且电话咨询时读者无法目睹咨询人员在解答咨询过程中所付出的辛苦劳动，不易理解查询中有时会出现的一些情况。

3. *虚拟参考咨询服务形式*

（1）实时问答咨询。实时问答咨询即用户和图书馆馆员实时在线，一问一答，是一种交互式的服务，它保持了传统的面对面咨询中的实时交互能力，由参考咨询人员在网上的虚拟社区直接“面对”用户，即时回答用户的咨询。用户可以就自己的问题和参考咨询人员讨论或反复提问，直至获得满意答案为止。

（2）电子邮件咨询。电子邮件咨询是在图书情报机构网站的主页或某个网页上设立“参考咨询”或“询问图书馆人员”链接，通过该链接咨询问题，以电子邮件的方式将答案传输给用户。

（3）学科咨询。公布若干咨询专家以及他们擅长的学科范围和咨询项目，用户可直接向专家咨询。

（4）知识库检索。知识库检索是将具有一定知识含量的问题及其答复，按照统一的元数据格式存储在数据库内，供用户检索和使用。

（5）合作数字参考咨询服务。合作数字参考咨询服务是由多个成员馆联合起来形成一个网络化的虚拟数字参考服务系统，按照一定的标准和协议，面向更大范围（甚至是全球网络范围）的网络用户提供数字参考咨询服务。

三、高校图书馆实施服务的可行性分析

（一）资源优势

图书馆历来是人类知识的宝库，具有保存、整理、加工和传播知识信息的职能。这种职能在知识经济时代将表现得更为突出和鲜明。一方面，计算机技术、储存技术和通信技术的发展，使得图书馆在收集知识信息（即馆藏）时，无论是知识信息的范围、类型还是数量都发生了巨大的变化和扩展。首先，信息高速公路的建设，使得图书馆能够克服以往不可想象的时间和空间阻隔，拉近了世界不同地区的人们的距离，形成了一个遍布全球的无比巨大的虚拟图书馆网，网上的任何一家图书馆的馆藏资料都是用户能够利用的资源，文献信息源变得无比丰富。其次，馆藏文献的类型也将发生巨大的变化，传统的纸质印刷型文献仍将存在下去，然而已不是人们利用的主要载体；电子出版物由于具有巨大的容量、多种方便的检索途径以及很小的体积等多种优势，将成为图书馆储存知识信息的主要载体。因此知识经济时代的图书馆在馆藏的范围、质量和数量上都有了巨大的飞跃，将真正成为存储知识信息的宝库，而且是人们在知识经济时代获取知识信息最方便、最丰富和利用最

频繁的知识宝库。

对高校图书馆来说，近年来，各高校图书馆高度重视信息资源的建设，针对服务的需要，建立多形态、多载体、多种类的实体馆藏资源和虚拟网络资源相结合的馆藏资源体系，具有较强的丰富性、完整性、系统性。在实体馆藏文献资源中，除纸质文献占主导地位外，还有缩微资料、视听资料、光盘资料、CD-ROM、应用软件、书目文档、全文数据库、多媒体等其他非纸质实体资源。另外，高校图书馆高度重视网络虚拟资源的建设，构建基于网络和数字资源的服务，通过购买各种数据库资源的使用权，建立广泛的文献知识共享保障系统，搜集、整合网上免费的信息资源，优化馆藏文献资源结构。同时，高校图书馆可积极主动地挖掘本馆的文献资源，加强对各种数字资源的整合和数据库的开发管理，在现有条件下加速实现文献信息资源电子化，根据用户要求和图书馆自身发展的特定目标，利用馆员独特的隐性知识和创新性的智力劳动，以本校重点学科专业为特色，把本馆收藏的富有特色的知识资源、专家科研成果进行深度加工整合，建立丰富的、具有自身特色的文献资源数据库。例如，建立馆藏书目数据库、联合目录数据库、特色文献数据库、馆藏文献信息开发数据库以及虚拟馆藏数据库，形成具有自主知识产权的电子文献，借助网络信息技术，实现信息资源的共建共享，与其他知识服务机构建立知识资源的共建共享合作联盟，构建以数字资源为主流的整合的有特色的知识资源保障体系，从而满足服务的要求。

（二）技术优势

1. 先进的现代化技术

进入21世纪，数字化、网络化的信息革命从根本上推动了图书馆的发展进程，高校图书馆采用了各种自动化集成系统建立自己的内部网络环境，呈现出网络化、信息化、智能化和社会化的特征。信息技术的发展和应用不仅改变了图书馆信息资源的结构和获取信息的方式，也促使高校图书馆由传统功能模式向开放式、网络式的信息服务模式转变，由单一功能向多功能转变。以计算机技术、通信技术为核心的现代信息技术的引进，加快了高校图书馆信息服务的进程。高校图书馆业务手段日趋多样化，服务范围日趋全球化，为服务提供了有力的技术支撑。

2. 熟练的文献信息加工技术

信息商品的生产主要是对各类文献信息进行开发加工，这就涉及文献信息的分类、标引与检索等信息的收集与加工技术，而这些正是图书馆的技术强项。长期以来，在广大图书馆工作人员的共同努力下，文献信息的加工技术已成规范，因而操作起来更为熟练、准确。特别是各种现代科学技术运用于高校图书馆以后，图书馆的技术力量已大大增强，传统技术与现代技术相结合，形成了高校图书馆独特的技术优势。

（三）服务优势

1. 信息技术革命与自动化图书馆的形成

随着科技与文化的发展，出版物数量不断增加，图书馆馆藏文献也迅速增加。大量的图书文献给传统图书馆的管理与读者服务工作带来了许多困难，传统图书馆管理和服务方式的局限性越来越突出。20 世纪中期一场席卷全球的技术革命对人类社会产生了巨大的影响，迅猛发展的电子信息技术很快渗透到现代生产和生活中，成为推动社会发展的重要因素。同时，信息技术也为从根本上改变传统图书馆管理和服务工作方式提供了新的技术手段。图书馆各业务环节逐渐放弃传统手工工作方法，广泛应用新的信息技术而实现工作的自动化。1954 年，美国海军兵器中心建成了世界上第一个图书馆计算机信息检索系统，它标志着自动化图书馆的开始。20 世纪 60 年代中期，美国国会图书馆开发了计算机编目格式MARC，通过这种格式，计算机可以以磁带形式自动记录和存储编目数据。随着MARC格式和计算机技术以及各种软件技术的广泛应用，一些大型的集成化的管理软件在图书馆领域得以广泛应用。

我国图书馆的自动化起步较晚，虽然在20世纪60年代初成功研制了第一台超大型计算机，但是70年代才开始将信息技术运用于图书情报工作。从20世纪80年代到90年代，随着信息输入技术、描述技术、存储检索技术以及信息处理和传播技术的广泛应用和发展，特别是多媒体技术、超文本技术和网络技术在图书馆信息资源管理和服务方面应用的优势，进一步推动了我国自动化图书馆的发展进程，使图书馆真正成为社会的文献信息中心。

2. 信息环境中的信息服务

高校图书馆在努力实现管理自动化、现代化的同时，也在充分利用信息技术探索适应新的信息环境的信息服务方式。除了基于图书馆集成管理系统和MARC的馆藏书目数据库的计算机检索服务和文献借阅手续的计算机化，人们还将计算机技术应用于二次文献的开发和服务。20世纪70年代，国外大型的商业化二次文献数据库已相当普遍，很多图书馆都开通多种数据库为用户提供检索服务。与传统图书馆基于文献的服务相比较，书目数据库的计算机检索改变了传统手工操作的服务方式：磁带、磁盘、光盘以及电子图书的利用，丰富了图书馆馆藏；图书馆之间的合作——编制联合目录、馆际互借、文献传递等服务拓展了图书馆的服务范围；二次、三次文献的编制，参考咨询服务的加强，用户培训的开展等，深化了图书馆服务的内容。

自动化时期，图书馆广泛应用以计算机技术为主的信息技术，大大促进了文献信息的搜集、加工、处理、传播和利用，既强化了图书馆信息管理和服务的能力，也减轻了工作人员的劳动强度，更方便了读者，提高了图书馆的工作效率和社会效益，极大地改变了传统图书馆服务内容单调、手段落后、时效性差的状况，为图书馆的发展注入了新的活力，同时推动图书馆进一步向网络化、数字化方向发展。

（四）协作优势

在我国，国家图书馆与省级、县（市）级图书馆以及乡镇图书馆之间存在纵向联系，各地区公共图书馆之间、各部委所属同类院校图书馆之间、各大厂矿企业图书馆之间以及同一地区各类图书馆之间又存在横向联系和协作，这些纵横交错的相互联系和彼此间的协作，相较于在信息市场中孤军奋战的信息企业有着无可比拟的竞争优势。特别是各图书馆之间联合采购、联合编目、联合建库、联机检索以及馆际互借等协作的开展，使文献信息资源共享的愿望正在变为现实。

随着高校图书馆网络化的迅速发展，愈来愈多的高校图书馆文献信息成为国际互联网的一部分，国内许多高校图书馆已建立图书馆局域网络，通过本馆局域网可进入国内、国际信息网。各高校图书馆文献资源已远远超出其自身的使用范围，成为全球信息网络中的重要组成部分。以中国教育科研网为依托的高校文献信息服务系统的建立，创造了一个不受时空限制的远程信息检索网络环境，为各高校之间实现文献信息资源共建、共享提供了良好的条件。特别是中国高等教育文献保障系统（CALIS）管理中心的成立，标志着在全新的网络环境下，国内文献信息资源建设进入了一个新的共知、共建、共享的发展阶段。

1. 文献信息保障基地——中国高等教育文献保障系统（CALIS）

大学是信息资源最丰富的场所，信息资源的开发与传递直接关系着高等教育的质量，决定着科学技术能否迅速地转化为生产力。网络建设与资源开发可为教育和科研提供较好的环境。基于此，1995 年，中国教育和科研计算机网 CERNET 建立，并连接了全国八大地区的 400 多所大学，使我国高等教育信息网络的基本设施状况有了较大的改善。但是，我国高校信息资源开发建设的规模和水平还滞后于信息网络的建设速度。如何在建设基础信息设施的同时，加快图书馆网上资源开发利用的进度，扩大信息资源规模，利用信息网络实现各高校的信息资源共享，以解决目前我国高校普遍面临的信息资源短缺的问题，成为迫在眉睫的任务。CALIS 项目就是在这样的背景下诞生的。中国高等教育文献保障系统（CALIS）项目致力于全国性文献资源的联合保障，是网络环境下的高校图书馆资源共享系统。该项目是由全国性的文献信息中心、地区性的文献信息中心和“211 工程”立项高校图书馆三级联合起来共同建设的一个文献保障体系项目。它遵循的指导原则是整体性原则、共建性原则、服务性原则、先进性原则、开放性原则。它立足高校，连接全国，面向未来。它拥有丰富的文献数据库资源以及强大的网上检索服务和文献传递手段为国内外用户服务。CALIS 项目是建立我国文献信息资源保障系统和实现文献信息资源共享的最佳模式，对我国高校图书馆的资源优化组合、文献资源协调互补、馆藏文献资源的整体布局有着积极的作用。

2. 地区之间高校合作，建立地区文献中心协调网站

在无穷无尽的信息面前，任何一个高校图书馆都不可能封闭自己，以自给自足的状态生存，哪个图书馆也不可能用有限的资金采购所有的图书、期刊和光盘等文献资源，只有利用网络不断地与各同行沟通，广泛了解信息，相互合作，实现互利互惠，才能不断地使自身发展壮大，并最大限度地利用文献信息资源，为读者提供全方位的服务。

服务是一种面向知识创新、知识传播与知识应用的服务方式，它需要综合利用多种信息技术和网络技术。在现代信息技术和网络技术的支持下，高校图书馆由对信息资源的收集、处理、传播和开发利用转向对知识资源的获取、组织、创新和开发利用。例如，中国高等教育文献保障系统（CALIS）规划中的一个子项目“重点学科导航库”就是应新形

势所需，组织进入“211 工程”的 61 所重点高校图书馆针对本校重点学科，对网络信息进行分工协作、组织整理的一个共建项目；目的是通过该导航库为上述高校已立项的 390 多个重点学科的师生提供便捷的网络学术资源查询服务，以便其及时掌握本学科领域科技前沿讯息、国内外研究动向和发展动态。

第二节　高校图书馆服务职能

高校图书馆服务职能的表现形式多种多样，高校图书馆具有教育职能、情报信息服务职能、教学科研服务职能、社会服务职能等多种职能，这些职能体现了高校图书馆不同的服务对象、服务内容和服务方式。

一、高校图书馆服务职能的影响因素

（一）高等教育的服务性

高等教育本质上是一种教育服务，它的产生和发展是社会进步的必然结果。如果说人类社会发展的历史是从愚昧走向教化、从野蛮走向文明的过程，可以说，高等教育在这一过程中发挥着推动人类文明不断创新、发展的重要作用。

高校图书馆是高等教育的重要组成部分，在为高等教育服务的过程中，图书馆不断彰显出自己的重要价值，并逐渐形成了作用于人类社会进步的基本职能，为高校的人才培养、科学研究和社会服务发挥着教育职能、情报信息职能、科研服务职能和社会服务职能。

（二）高校自身的发展需要

1. 高校在终身教育中的地位要求提升高校图书馆的教育服务和信息服务职能

随着终身教育理念的深入，学习型社会建设成为我国政府和社会共同推动的工程。在终身教育体系中，高校具有举足轻重的作用，高校越来越成为区域的文化中心。高校图书馆作为服务社会的重要文化机构，必须充分发挥其教育职能和信息服务职能。

正如《普通高等学校图书馆规程》第二条明确指出，高等学校图书馆是学校的文献信息资源中心，是为人才培养和科学研究服务的学术性机构，是学校信息化建设的重要组成部分，是校园文化和社会文化建设的重要基地。高校图书馆是人类知识的存储中心，在履行教育职能和信息服务职能时必须配合高校为培养德、智、体、美全面发展的人才服务，为社会的进步和经济文化的整体发展服务。

2. 高校的社会服务职能要求拓展高校图书馆的社会服务职能

高校图书馆有着丰富的文献信息资源，是全人类共同的财富，理应由全社会共享。社会全体公民的纳税是公共知识中心图书馆赖以存在的经济基础，公共知识管理事业是国家对全社会的智力投资。公共知识中心应当无条件地向一切用户平等地开放，保证社会大众拥有平等地获取与利用知识的权利。国际图联与联合国教科文组织联合发布的《公共图书馆宣言 2022》指出，公共图书馆应不分年龄、种族、性别、宗教、国籍、语言、社会地位和任何其他特征，向所有人提供平等的服务。这一宣言已得到公共的认识和认可，成为图书馆人的共同追求。

3. 高校与现代科学技术、现代生产的紧密结合要求加强高校图书馆的科研服务职能

现代高等教育已经成为国家创新体系的重要组成部分，高校只有与现代科学技术、现代生产紧密结合，才能实现高等教育的创新功能，才能促进高等教育与社会发展的双向良性互动。这就需要高校图书馆扩大投资，及时引进最新的图书资料，加强现代化建设，从而充分发挥其为教学科研服务的职能。

（三）信息化、网络化的时代要求

高等院校图书馆随着信息产业的发展越来越与社会接轨，由被动接待读者转变为主动面向社会发展读者、吸引读者，树立满足社会需求是图书馆事业生存和发展的动力这一思想。服务读者工作与社会需求相适应，在为本校读者提供最优质服务的基础上，利用馆藏资源优势，积极走入社会，宣传馆藏，了解社会需求，开发和推荐信息产品，向社会提供优质服务，为社会的繁荣发展做出贡献。

网络文化带来的教育信息化趋势，要求高校图书馆由原来被动地为教学、科研服务，转变为主动地参与学校的教学与科研。图书馆可利用自身的信息资源和技术优势，创办独具特色的主题网站，直接参与学校的思想政治教育、心理健康教育、文化素质教育和大学生闲暇教育。图书馆还可以直接参与教学和科研活动，利用多媒体视频，播放优秀的中外影视作品，组织学生开展影视评论，开阔视野，从中汲取丰富的精神文化营养；还可以利用电子阅览室，积极开展各种与网络主题相关的活动，培养学生的创新能力和科学精神，努力创建深厚的图书馆学术文化氛围。同时，高校图书馆还应当与学校各院系保持合作，开发网络课件，开展远程教育，更好地服务社会，从而形成生动的、具有多重选择的、无时空限制的、以个性化为主的协作型教育模式，使图书馆真正成

为全面推进素质教育的平台。

（四）大学生成长的必然需求

从中学步入大学，是人生旅途中重大的转折。中学时期主要学习文化基础知识，升入大学之后，无论是心理、学习课程、学习目标还是学习方法均有很大的转变。在国家规定的培养目标下，将个人的前途与国家的发展需要、就业导向等结合起来。为此，大学生一定要构建合理的知识和智能结构，要全面加强自身修养，成为国家需要的专业人才。大学生在大学学习生活中，除了课堂学习之外，最离不开的就是图书馆，因为图书馆蕴藏着古今中外大量的文献资料，蕴藏着各行各业的百科知识，拥有各类工具书、综合性图书、报刊以及分门别类的各种音像制品。

为了培养大学生的综合素质，使他们成为德才兼备的专业人才，高校图书馆必须发挥教育职能，在学生专业教育、基础知识教育和综合教育等方面下功夫，使他们适应未来的社会需求。除此之外，大学生还要学会利用图书馆，了解图书馆藏书结构，熟悉图书馆学科分类体系，掌握工具书的使用方法、图书馆机读目录的检索方法以及网络信息检索技能，养成在图书馆学习的良好行为习惯。

二、高校图书馆服务职能的变迁

（一）组织模式

传统高校图书馆的组织模式是一个由文献的收集、标引、流通、检索、咨询等工作组成的线型模式，这种模式中各个环节关系松散，不能充分满足读者的信息需求，不能为读者提供最大的帮助。现代信息技术的介入，使高校图书馆向读者提供的不仅仅是馆藏信息，还有通过各种途径和现代化技术手段获取的信息。针对这种全球信息流，高校图书馆的组织模式必须从线型转向网络型。这种网络信息模式以综合协调部门为主点，一个知识体系工作单元为支点进行网状连接，信息流经主点和各节点进行协调后，按知识分类体系分流，提供给各节点。节点数量的多少主要依据文献量、信息量和读者的需求量来决定，各节点加工处理的只是若干学科或相关的文献信息。这种工作体系弱化了传统的文献信息加工处理程序，提高了文献信息服务工作的全面性和系统性，使图书馆工作人员与文献信息之间的联系更为密切，有利于提高工作人员的业务水平和专业素质，加强了图书馆内部工作的联系，有利于提高图书馆的工作效率，强化了读者同工作人员以及图书馆各项工作的联系，大大提高了用户需求的满意率。

（二）管理模式

多年来，传统高校图书馆的管理模式一直受功能结构和学科结构理论的影响，要么将图书馆部门按采访、分编、典藏、流通等划分管理，要么按学科门类分开管理。在信息化、网络化条件下，高校图书馆采取综合协调、节点分流的有序管理模式。所谓综合协调，就是设立一个综合协调部门，负责全馆的决策、计划、控制、协调、考核、公关、经济等工作，其中包括经费的使用、节点的划分、工作人员的配备、图书馆设备的购买与统一管埋、组织馆内工作人员的业务培训、做好读者教育和分流工作、与其他信息机构交流合作等。所谓节点分流，则是按照知识体系划分的各个工作单元设立节点，将信息流按节点分流。每个节点的工作人员必须把满足用户需求作为首要任务，全面完成从文献收集、加工、整理到检索、咨询、用户需求的满足等各项具体工作，保证服务工作的全面性、系统性和科学性。

（三）业务模式

1. 采访模式从四处联络到足不出户

传统的采访工作靠书报圈点、人工联络来获取出版信息、了解用户文献需求、收集意见反馈，然后向书店付款定购。网络条件下高校图书馆的采访工作则可以足不出户地在网上采购各类文献，直接与书商及用户联系，征求意见，咨询问题，甚至可以通过电子商务进行经费的支付和存取预算。

2. 编目模式从重复劳动到联机外包

传统的编目工作都是各馆采用不同的分编法独立进行的。新型的高校图书馆以联机编目或编目外包等形式，主要进行无序化网上信息资源的整理和揭示，从而改变过去独立作战、重复劳动的局面，确保网上资源的准确性和可用性。

3. 流通模式从实体借阅到信息传递

传统高校图书馆的流通方式是书刊等文献实体的借还，在信息化、网络化时代，高校图书馆的流通方式更多的是通过网络传输用户所需的文献信息。

4. 阅览模式从在馆借阅到“图书馆—办公室—家庭”三者相结合

传统的借阅方式是读者到图书馆阅览室凭证借阅书刊、杂志和声像资料等。随着校园网及地区性网络的建成，图书馆馆藏书目数据、全文和检索光盘等信息已上传至网络，读者不必进入图书馆就可以在办公室和家中检索、阅读、下载自己需要的信息。

5. 咨询模式从孤立简单到全面深入

传统的咨询模式主要是在图书馆内开展孤立简单的问答式、教学式和发布式的参考咨询。在信息化、网络化时代，高校图书馆的参考咨询更加注重通过网络为用户提供深入的全方位的信息咨询服务，咨询内容不再是一般性问题，更多的是帮助读者学会如何利用电子文献、如何选择数据库、如何在网上搜索并下载信息文献、如何操纵远程软件等，并开展以综述、评论、专题报告、预测报告、动态分析等三次文献为核心的高级咨询服务。

（四）馆藏模式

1. 馆藏概念从书刊收藏到网络收藏

在信息化、网络化时代，传统高校图书馆追求大而全，小而全的实物馆藏失去意义，“本馆馆藏”的概念淡化，读者可在网上查阅、利用本馆未收藏的大量文献。对于丰富的网络资源，只要有能力获取并让读者利用，就能成为本馆馆藏。

2. 馆藏载体从纸质实体到多介质和多媒体

随着现代科技的迅猛发展，千百年来印刷型文献一统天下的局面被打破，图书馆收藏和流通的不再只是印刷型实体文献，磁介质的视听资料、光介质的缩微资料、电子读物以及多媒体文献等机读文献的收藏迅速增加。信息载体的多样化使高校图书馆的馆藏范围不断拓展。

3. 馆藏策略从静态固定到动态虚拟

信息载体的多样化，改变了高校图书馆的馆藏结构，丰富了馆藏资源，使高校图书馆的收藏从静态的实物收藏转变为动态的文献收藏以及网络虚拟收藏。

4. 馆藏理论从强调拥有到注重检索

对传统图书馆馆藏影响最大的是宏观的藏书建设理论。这一理论强调“拥有”，即通过图书馆收藏和馆际协调，达到较高的文献保障能力。随着现代信息传递技术的迅速发展，理论界提出了文献保障应从强调拥有馆藏转向注重检索并通过提高文献信息可获知能力与可获得能力来提高信息保障能力的思路，对网络条件下高校图书馆馆藏建设具有重要的指导意义。

（五）服务模式

1. 服务理念从“馆藏中心”到“自动中心”

高校图书馆传统的服务工作是以图书馆为中心的“读者—图书馆—读者”型服务模式，体现的是一种简单的需求指向，提供的是以馆藏资源为主体的文献实体。在信息化、网络化条件下，高校图书馆读者服务工作是以读者为中心的“自动型”服务模式，实现的是一种全方位的智能化信息服务，提供的是经过深加工的有序化、浓缩化、精细化的“信息块”和信息存取途径。在这种模式下，高校图书馆应主动适应网络环境，从内容到形式、从技术到管理，不断进行定位调整和信息重组，强化信息导航功能，使读者服务工作从以本馆为主走向本馆以外的其他节点，使读者服务社会化、个性化。同时，高校图书馆从仅仅提供文献实体的被动服务扩展到提供检索途径，对知识信息进行整合和有序转移，并提供培养用户信息能力的“馆外化”教育内容的主动服务。

2. 服务形式从单一化到多样化

高校图书馆传统的读者服务主要是书刊的借还、实体文献的查检、简单的参考咨询，服务形式单一。随着信息环境的变化，高校图书馆新颖多样的信息服务形式不断应运而生，如动态服务、双向服务、横向服务、层次服务、柔性服务等。

三、拓展高校图书馆服务职能的措施

（一）开展多种服务方式

1. 举办展览

举办展览活动是拓展图书馆服务职能的一项重要措施。它是宣传社会主义“两个文明”建设成果、对读者进行教育的一种形式，并能定期向读者提供新书目以及专题资料索引。

2. 更好地开展信息咨询服务

信息咨询服务是现代化图书馆的一项主要职能，是图书馆信息服务的高级服务形式，也是图书馆的基本服务项目。其目的是提供目录导引或解答用户的咨询问题，运用计算机检索帮助用户查找所需信息。咨询服务工作开展的质量是衡量图书馆的社会地位和影响作用的标志。信息咨询服务属于知识密集、技术含量高、社会效益显著的综合性服务行业，以深层次开发文献信息产品为基点，主要开发具有高度准确性、真实性和具有较高的科学价值，以及具有长远效益的信息产品。

因为充足的信息资源是信息咨询服务的物质基础，所以要建立各类信息咨询机构，专门负责文献的代查、代译、开办培训、资料复印、检索、信息发布、成果转让等工作。建立图书馆信息服务网，加强馆际交流与合作，互通有无，充分利用图书馆的资源，最大限度地实现资源共享；改变过去等人上门的被动服务，积极主动地为社会服务，为读者获取所需资料提供便利；各种信息机构可以编制二次文献的数据库，扩大用户可利用资源的程度，科学地处理“藏”与“用”的矛盾，从而使图书馆逐渐成为文献信息服务中心，大幅度地提高图书馆馆藏资源的利用率；提高咨询服务水平，满足读者对各类信息的需求，还应想办法扩大服务对象范围，增强市场竞争力。为宣传媒体提供常规性的专栏资料，并收取合理的费用。

3. 开展定题服务

所谓定题服务，是指图书馆的信息服务人员根据教学、科研、生产的实际需要，选定有关重点研究课题或亟待解决的关键性问题为目标，深入地、全程地提供对口性文献资料，为用户服务，直到研究课题完成，或者关键性问题得到解决，这种服务也称跟踪服务，其特点在于主动性、针对性和时效性。

高校图书馆的信息服务人员在开展定题服务时，首先要深入实际，主动了解教学、科研或生产的进展情况，在了解用户课题需求的基础上，选定服务课题，主动与用户沟通，运用自身的业务知识对馆藏文献充分了解之后，进而去开发信息资源。采取编制专题文摘、专题索引及专题综述、述评、专题参考资料等形式，主动地、定期地、有选择地将该课题需要的最新信息、准确数据提供给用户使用，帮助用户解决问题。这种服务形式，能够起到积极的先导作用，避免用户走弯路；而且既节约了该特定用户查找信息的时间，又有效地利用了文献，提高了服务质量。

4. 建立信息服务网络

任何一个图书馆拥有的馆藏文献都是有限的，提供的信息产品也是有限的，因此只有利用现代化的网络技术及图书馆之间的协作优势，才能更好地提供全文本、超文本及多媒体的信息服务；信息服务网络能使用户在查询中央联合目录数据库时，从系统的任何一处查询网上的内容，使所有入网的用户可以不去图书馆，就能够通过自己的终端检索所需文献，使图书馆的信息资源得到充分利用。

5. 开展创新服务和特色服务

创新服务主要是指图书馆的现代服务，也就是说图书馆参与科技研究，把最新的信息以最快、最准的形式提供给科技人员，这种参与的结果能直接或间接地创造出相应的社会经济价值，也能展示图书馆人员自身的价值。特色服务就是图书馆的服务形式、服务内容、服务效果的完美统一。开展特色服务是指图书馆在做好常规服务的同时，根据现实的需要与可能，选定某一专题或领域作为自己的优势，在一、二、三次文献的收集、加工和利用上进行整体规划，形成特色，这样就能集中优势，对某一服务领域进行重点开发，提供独具特色的信息服务，以满足信息用户的特定需求。

（二）建立合理的规章制度

建立岗位考核、奖惩制度、业务档案、业务统计等相关制度。调整岗位结构，根据各自的特长设岗定量，充分发挥全馆人员的积极性，加强图书馆的管理，对业务操作规程实行必要的检查，以便更好地完善其规章制度，合理地调拨和安排人力、物力，努力做到人尽其才、物尽其用。

（三）提高图书馆工作人员的服务水平和服务能力

首先，优质的服务是深化图书馆的改革工作、促进图书馆事业发展的一项重要措施。由于图书馆的读者服务处于第一线，每天要接待很多的读者，不但要为他们提供各项服务，而且要组织、宣传、推荐图书和指导读者阅读，工作非常繁忙。因此既要树立“读者第一”“服务至上”“全心全意为读者服务”，以及“急读者之所急，想读者之所想”的思想，又要加强图书馆工作人员的业务水平，强化服务意识，使馆员不仅具有图书馆学、情报学等专业知识，还具有一定的外语水平和一定程度的其他相关学科的知识。

其次，为了适应信息时代的发展，应该尽快培养一批名副其实的信息咨询、信息检索、网络分析等专业人才。部分用户缺乏应用现代网络技术进行查新检索的知识与技巧，容易造成误检和漏检，因此应以举办业余讲座、短期培训班等形式对用户进行分期分批的培训工作，重点向他们介绍检索方法和技巧，创造条件积极主动地与用户交谈，与用户共同制定检索策略，使其获得满意的检索结果，这不仅有利于提高用户的检索水平，提高检索的速度和质量，还能提高图书馆的服务层次和质量，以便其更好地向各类用户提供优质的信息服务，适应社会的需要，赢得用户的信任和支持。

总之，高校图书馆实行多种服务模式并存、灵活有序的综合运行机制，能够有效提升工作人员的素质，更新其知识结构、提高其服务技能水平，积极主动地提供高效优质服务，能够使图书馆服务工作适应市场经济的需求，在广度、深度上有所发展，进而可以充分利用图书馆资源，使图书馆的服务工作迈上一个新台阶。

第三节　高校图书馆服务手段

图书馆现代化是一个综合的概念，包括人和物两方面的因素：服务方式和手段的现代化是图书馆现代化的具体体现，它也是一个发展的过程，各个图书馆可能都在不同程度上实现了服务手段的现代化，主要体现在以下几个方面。

一、高校图书馆服务手段现代化

（一）利用计算机进行目录检索

目录是利用图书馆的钥匙，利用计算机检索目录将给利用图书馆带来极大的方便。高校图书馆员将馆藏图书信息存入计算机，建成馆藏书目库，学生在计算机检索终端上把需要借阅的图书书名或作者姓名或关键词等输入计算机，几秒钟内即可显示出所查图书的信息，如图书的索书号、是否有人借阅、相关的图书还有哪些等。计算机检索目录完全可以代替手工方式下的卡片式目录的检索，既迅速又方便。随着网络技术的进一步发展，甚至可以将好几个学校图书馆的目录查询系统集成在同一界面下，如上海图书馆、上海交通大学图书馆、复旦大学图书馆和华南理工大学图书馆就使用同一 WebPAC 查询系统，只需要输入一遍检索命令，便能在同一页面显示四所大学图书馆的相关藏书情况。随着多媒体技术的发展，多媒体的目录检索系统还能提供图书的外形照片、声音信息等，全方位地显示图书信息。

馆藏目录检索的计算机化实际上是把传统卡片目录上的所有信息，包括书名、刊名、著者、分类号、主题词等输入计算机，建立馆藏书目信息库，供读者在计算机终端上检索使用。目前，我国许多高等院校图书馆都实现了目录检索的计算机化。利用计算机终端检索书目，大大提高了检索的效率，并提供了更多的检索途径，除了传统卡片目录的分类号、书名、著者等三种途径以外，还增加了主题词、出版社、国际标准书号（ISBN）及组配检索功能，大大方便了读者对目录的查询。一般的检索终端都采用菜单提示，简便易学。虽然每个图书馆的检索终端的使用方法会有所不同，但它们的原理是基本一致的，都具有良好的用户界面，检索途径大致相同。

1. 题名途径

在题名检索框内输入要检索的书名或期刊名，如检索90年代的《高等数学》图书，则在题名项中输入“高等数学”，在年代项中选择“90年代”，在类型项目中选择“图书”，点击查询，便能检索到书名以“高等数学”开头的图书的馆藏目录简要信息；在目录中点击某一书名，则会显示该图书的详细书目信息，如作者、出版地、出版社、出版日期、页数、价格等；再点击下面的馆藏信息，还能显示此书的馆藏地点、是否借出、借出日期、应归还的日期以及借者的姓名和单位。如需检索期刊则输入题名后，在类型项中选择期刊即可，步骤与查询图书相同。

2. 题名拼音码途径

题名拼音码为图书或期刊名的汉语拼音首字母，方便了输入。例如，检索《计算机安全》这一图书，只需在题名拼音码检索框内输入JSJAQ，便能检索到以这几个字母为汉语拼音首字母缩写的图书的馆藏信息。但这种检索途径有时会误检出一些汉语拼音首字母缩写相同的书目。

3. 著者途径

在责任者检索框内输入著者的姓名，便可检索出馆藏中该姓名著者所著图书的书目信息。

4. 中图法分类途径

可通过中图法分类号的详略程度扩大或缩小检索范围，如要查“计算机软件设计”相关图书，分类号为TP31；若只输入TP3，查到的图书会更多，范围更宽，是计算技术、计算机技术类的所有图书；若再输入TP311，则为程序设计、软件工程类的图书。

5. 主题词途径

输入相关的主题词，便可查出与该主题词相关的图书或期刊的信息。

6. 核对借书信息

使用ID卡借书证后，学生往往记不住自己什么时候借了什么书、何时该归还。这时，可以利用专门的查询终端查询自己的借书情况，在图书馆主页中点击信息查询，选择读者借阅查询，进入系统后，按提示操作便可查得相关情况。

现在国内外有许多图书馆将自己的馆藏目录放在网上，只要我们知道它们的网址，便能检索它们的馆藏。例如，我们知道浙江图书馆的网址是 https://www.zjlib.cn，进入它的主页后，在“浙图书目”的检索框内可查询浙江图书馆的书目信息。我们在检索框输入“建筑材料”，点击检索，便显示了浙江图书馆书目信息中书名包含“建筑材料”的图书的查询结果。如果点击带有下画线的作者、题名或出版社，还能检索出与作者、提名或出版社相近的书。

（二）利用现代复制和传递技术进行信息服务

文献信息的交流，需要方便而又快速的文献复制技术和远距离的传递手段。从异地获取一份文献，主要通过复制、邮递或传真等手段获得，这些技术为文献资源的共享提供了方便和保障。网络环境下的文献传递服务，即电子文献传递更是可以通过电子邮件或提供电子传递功能的在线数据库等输送，款额的支付可选择信用卡或预付款方式，整个过程从提出全文需求申请，到全文文献传递和费用支付等一气呵成，真正达到了有效且具时效性。高校图书馆可以通过 Ariel 系统（文献快速传递系统）利用互联网将资料传输到学生的 IP 地址，整合扫描、传输、复印于一体，省去了邮费、传真费，以此提供快速、方便、高质量的文献。

（三）自动化借阅系统

高校图书馆的自动化借阅主要是指以计算机为核心构成的流通管理系统。学生的借书、还书、预约、超期通知等都用计算机完成。一般采用计算机可识别的标识——条形码进行输入输出操作。条形码由一些粗细不等的黑色条纹组成，以构成不同的数字、符号和字母信息，经光笔或扫描器阅读后输入计算机。作为计算机录入数据的手段，每册图书上贴有唯一性号码（一般为登录号），学生的借书证号码也用条形码进行编码，在借还图书时用光笔在条形码上画一下，数据即输入计算机，并由计算机进行数据处理，完成借还书手续，整个过程只需几秒钟。

（四）计算机信息检索

信息检索的计算机化是高校图书馆现代化的重要标志，当前的光盘检索、联机检索和因特网检索为信息的检索利用带来了极大的方便，通过计算机检索可以及时掌握科研资讯以及政治、经济等领域的信息。

（五）声像和缩微文献服务

现代的文献已突破传统的印刷型文献的局限，高校图书馆已能提供具有声音、图像等多媒体的文献服务，相较印刷型文献它能提供更多生动形象的服务，如外语听力训练、科学电影、多媒体信息利用等。通过缩微资料可以方便地获得大量的信息并长久地保存。

（六）光盘和多媒体信息服务

光盘存储量大的优点，已使它成为一种深受欢迎的信息传播媒体。目前世界上已出版了几千种只读光盘，主要类型有数据型、书目型和全文型。光盘数据库配以多媒体套件构成的多媒体系统，除能提供数据信息外，还能提供声音、图像的信息。目前已有图书馆在使用多媒体导读系统、多媒体信息管理系统，这将为高校图书馆员利用图书馆获得信息开辟更广阔的天地。

二、高校图书馆服务手段网络化

每个图书馆都有它的服务对象和宗旨，其收藏的文献资料都有一定的专业范围，不可能收藏现存的全部文献资料。例如高校图书馆一般根据学校的教学、科研和学科专业设置等要求收藏文献资料，各个学校的学科范围不同，收藏的文献资料也各有侧重。公共图书馆主要为各种各样的大众读者服务，服务面更广，范围更宽，但文献资料收藏的专业深度就受到一定的限制。

现代科学技术的发展，导致了文献数量的急剧增长，而每个图书馆的财力有限，不可能收集齐与学科相关的全部文献，这就提出了一个世界范围的共同课题——资源共建共享。资源共建是指不同图书馆或组织间分工合作，建立各自的特色数据库；资源共享是部门之间、地区间、国家间文献资源的互用。资源共享的目的在于提高高校文献服务工作的社会效益和经济效益，其规模可分为地区性的、全国性或国际性的。

目前，高校服务网络主要开展的服务形式有图书的馆际互借和资料的共享等。传统的馆际互借是因读者（学生、教师等）科研、教学需要借阅本馆缺藏的图书，读者向本馆提出申请后，由图书馆工作人员向其他图书馆办理馆际借书手续。馆际互借必须先查阅联合目录，了解就近的图书馆哪个收藏有所需的图书后，再向对方发出馆际互借申请，对方收到申请书后，取出图书，通过邮寄或专人传送的方式将图书交付借书图书馆，再由读者办理借阅手续。

现代的馆际互借是通过联机目录查询系统（OPAC）查阅公共目录，并通过联机网络发出馆际互借的请求，以电子邮件、电话、传真、信函等方式快速传递文献全文的文献传递服务。现代馆际互借的范围更广，已经延伸到了世界范围，如 OCLC 联机计算机图书馆中心（Online Computer Library Center），总部在美国俄亥俄州都柏林，是一个面向图书馆的非营利性质成员关系的计算机服务和研究组织，以推动更多的人检索世界上的信息，实现资源共享并减少费用为主要目的。利用网络接受用户请求和传递结果，充分发挥了信息高速公路的优势，提高了检索效率，其方便快捷的服务为高校读者节约了许多宝贵的时间。

校园计算机网络的利用是图书馆服务网络化的又一重要方面。通过校园计算机网络，学生、教师等可以在远离图书馆的地方检索和利用图书馆的文献资料，如清华大学图书馆的检索系统与校园计算机联网后，许多教师可以在家中通过计算机和电话线路检索和查询学校图书馆的文献资料。随着国家教育科研计算机网络的建设，这一网络服务方式已逐步在各高校图书馆得以实现。

第二章　高校图书馆信息化服务

第一节　高校图书馆信息化服务的认识

一、高校图书馆信息化服务产生的背景及要求

（一）高校图书馆信息化服务产生的背景

随着现代信息技术、网络技术和数字化技术的发展，信息环境日新月异，高等教育改革日益深化，在高校学科建设的发展过程中，为适应不断变化的高校图书馆用户信息环境以及满足用户日渐多元化的信息需求，我国高校图书馆界在完善学科馆员制度的基础上逐渐产生了基于学科需要的信息化服务。

通过搭建学科信息化平台和对服务模式的不断探索，高校图书馆逐渐构建起学科信息化服务体系，推动了21世纪高校图书馆变革创新的发展进程。回顾基于学科需要的信息化服务的产生历程，它有以下几个前提条件。

1. 信息时代要求高校图书馆转变社会职能

信息时代的核心，可以概括为一个“快”字：社会节奏加快，知识更新加快，技术产品升级换代加快，甚至人们的语言交流和行为方式都

在不断加快。为了适应这种快节奏，各行各业纷纷引入竞争机制，以高效率和高效益来换取生存发展的空间，形成了一种以“求快”为目标的生活循环。“快”对高校图书馆构成了一种严峻的挑战。众所周知，是科学技术的不断发展，使社会信息化和信息社会化的程度不断提高。与物质经济相对应的信息经济逐渐成为社会经济的主流，各种物质产品、精神产品和服务产品，都在借助信息的力量进入市场，进入流通交换领域，信息成为有形或无形商品市场竞争取胜的关键。参与竞争的市场主体对信息的需求越来越迫切，对信息质量的要求也越来越高，信息需求的层次日益多样化，信息来源的途径也日益多元化，信息市场的空间跨度也就越来越大，信息流通的速度也日益加快，从而形成信息供求动态变化的新循环。信息的这种动态循环，必然产生“优胜劣汰”的优化效应。社会上各种现代信息咨询中心、信息服务机构、调查公司、专业数据库、智囊团等信息咨询服务机构应运而生，形成日益庞大的信息咨询服务产业。它们以崭新的面貌、迅速而优质的服务手段，以及先进科学的服务方法，对信息进行筛选、提纯、加工及优化，形成信息成果，吸引用户，争夺市场，从而给高校图书馆带来一种无形的压力。在市场经济条件下，如果高校图书馆还只是一个“知识宝库”，对书刊来者不拒，或者坐等服务，高校图书馆就会跟不上时代前进的步伐。当今的高校图书馆，应该由静态的被动服务变为动态的主动服务，改变重藏轻用、不讲效益的传统观念，以适应社会信息化的潮流；遵循市场经济的普遍规律，改变传统的服务方式与内容，朝信息咨询服务业的方向发展，主动为经济建设主战场服务，充分利用自身的有利条件，开展具有一定深度的信息化服务。

2. 信息技术的挑战要求高校图书馆信息化服务

随着以数字化、网络化为特征的信息时代的到来，在信息技术的影响下，信息市场的服务模式和发展格局正在发生天翻地覆的变化。出版集团、数据库商、搜索引擎服务商、网络运营商、学术机构等信息机构纷纷加入市场竞争战局，通过提供信息检索、专业咨询、文献传递、定题选送等各种信息服务，使数字化基础上的分布式信息服务模式成为信息市场的主流模式，各种定制的个性化服务成为新的基础服务模式。信息技术、信息市场、网络环境瞬息万变，用户信息行为发生巨大变化，作为文献信息中心和信息交流机构，图书馆不可避免地要受到信息大潮的冲击和影响。高校图书馆为了应对网络信息环境的严峻挑战、适应用户信息行为的变化、迎合高校学科建设的发展需求，必须寻求新的增长点，利用自身的人才优势以及信息服务管理的经验和知识，开辟新的服务领域，推行基于学科需要的信息化服务。

3. 读者群变化要求高校图书馆信息化服务

随着读者情报信息意识增强，加上高等学校的联合办学、多层次办学和横向协作科研，高校图书馆的读者群不再局限于本校的师生或本地区高校图书馆协调网络的成员，而扩展到了社会的各方面，形成高校图书馆读者群的社会化。各机关单位党政干部前来高校进修学习，需要高校图书馆提供有关科学化决策的最新信息；协作单位和工矿企业需要高校图书馆提供极具针对性的最新信息来制定战略，或者研发新产品拓展市场，或者进行企业技术改造扩大产销能力；广大人民群众也需要利用高校图书馆的信息来提高科学文化素质，增长才干。可以说，无论是科学家、教授、研究员、工程师，还是厂长、经理乃至小商小贩，都需要高校图书馆提供新颖性和针对性极强的知识信息。为了达到这一目的，在社会化的读者群中，有人会不惜时间、精力和财物，向高校图书馆提出各种各样的情报需求。高校图书馆也只有不断深度开发具有价值的情报信息，才能在众多门类的咨询服务业中赢得生存空间，获得读者的青睐。

4. 教育体制改革促使高校图书馆开展信息化服务

社会需要已经成为当今高校改革的动力。当今社会的变革，促使高等学校由教学科研中心向学研产一体化的方向发展，社会要求高等学校既能培养出高素质的复合型人才，又能创造出高水平的科研成果，这就要求高等学校拥有一支教学水平高、科研能力强、活动能力强的师资队伍和管理队伍，作为高校改革的中坚力量。这支队伍的成长壮大，除课堂教学打基础、社会实践长见识之外，还需要高校图书馆随时输送知识信息，使队员能时时刻刻知晓与自己有关的专业动态信息和全球市场行情变化信息，促进高校图书馆成功转型，为教育体制改革提供信息咨询服务。

（二）高校图书馆信息化服务的基本要求

高校图书馆信息化服务是一个涉及多方面要素的服务系统，是一个集系统性、复杂性、持续性和动态发展性于一体的系统工程，也是一种全方位、多层次的知识服务。它需要图书馆作为一个系统整体统筹，自上而下协同推进，同时需要用户参与互动，为学校广大师生、科研人员等用户提供高效、满意的信息化服务，从而促进学科教学和科研的发展。虽然当前国内各高校图书馆信息化服务的内容和方法还没有统一的模式和规范，服务的用户群体、馆员的组织和管理等还存在很大区别，但所有高校图书馆对信息化服务的要求都基本一致，都是围绕建设和发展，都要求具有全面性、方便性、高效性、优质化。

1. 全面性

高校图书馆信息化服务需要具备全面性，即信息资源和服务要全面系统，服务操作环节要系统化。这意味着图书馆需要建立一个全面的信息化服务体系，包括学科资源的整合、数据库的管理、信息服务的规划和实施等。同时，馆员需要全面了解和掌握负责的对口学科的资源情况，掌握各种现代传媒技术，能够广泛宣传和推广学科资源和服务，以提供更全面的信息化服务。

2. 方便性

信息化服务要方便快捷，用户能够通过图书馆的信息化服务方便地获取所需的学科信息资源和服务，并能够及时解决相关问题。为此，高校图书馆需要提供方便的信息化服务渠道，如在线图书馆、数字化资源平台、移动终端应用程序等，以便用户能随时随地进行信息查询、借阅等操作。

3. 高效性

高效是指用户可以高效地利用学科信息资源，同时馆员的信息化服务工作也要高效。这需要图书馆建立高效的信息化服务管理体系，制定高效的服务流程和标准，提高信息技术水平和服务能力，使信息化服务能够快速响应用户需求并能够高效解决用户问题。

4. 优质化

优质化是指通过各种手段和方式使信息化服务得到用户的认可和满意。这需要图书馆提供高品质的学科资源和服务，建立严格的质量控制体系，加强与用户的沟通和反馈，及时改进服务内容和方式，使用户体验到高品质的信息化服务。

二、高校图书馆信息化服务理论基础

（一）高校图书馆信息化服务概念界定

高校图书馆信息化服务是随着信息技术的迅速发展而出现的一种新

型服务模式，是现代高校图书馆在数字化时代的重要举措。高校图书馆信息化服务不仅改变了传统图书馆的服务方式，也给用户带来了更为便利、多样、高效的服务体验。

在高校图书馆信息化服务中，先进的信息技术被广泛应用于各项服务内容中。例如，通过数字化技术对文献资源进行数字化加工，将图书馆的纸质书籍、期刊、报纸等文献资源数字化，方便读者进行远程阅读，同时能够保证资源的安全性和永久性保存。此外，通过利用基于互联网的信息检索技术，用户可以更为快捷地查询所需信息资源，节省了检索时间和检索成本。同时，高校图书馆信息化服务也积极开发各种数字资源，如学术数据库、电子期刊、数字图书等，丰富了图书馆的信息资源库，满足了用户多样化的需求。

在高校图书馆信息化服务中，用户参与度也越来越高。通过信息技术，高校图书馆可以更好地了解用户的需求，及时反馈用户对服务的评价和建议，以便更好地优化服务内容和提高服务质量。同时，高校图书馆还可以利用社交媒体、微信公众号等平台与用户进行互动，推送相关学科信息、服务活动等内容，提高用户对图书馆信息化服务的关注度和满意度。

高校图书馆信息化服务具有以下特点。

1. 系统化

高校图书馆信息化服务是一个系统工程，包括资源的建设、服务的运作、管理的完善等各个环节的有机组合，形成一个完整的服务体系。

2. 综合化

高校图书馆信息化服务涵盖了多种信息形式，如图书、期刊、电子资源、多媒体资源等，覆盖了多个学科领域，提供了综合的信息服务。

3. 可视化

高校图书馆信息化服务通过先进的信息技术手段，实现了信息可视化，用户可以通过图像、动画等多种形式直观地获取信息。

4. 实时性

高校图书馆信息化服务实现了信息的及时交流和共享，用户可以随时随地获取所需信息资源，极大地提高了服务效率。

5. 个性化

高校图书馆信息化服务注重个性化服务，会根据用户的需求和兴趣爱好提供量身定制的信息服务。

（二）高校图书馆信息化服务优势

高校图书馆信息化服务的优势有以下几点。

1. 拓展用户获取信息的途径

高校图书馆信息化服务可以大大拓展用户获取信息的途径。在传统的服务模式下，用户只能对图书馆内的藏书进行检索和查询，而随着数字化技术的不断发展，高校图书馆不仅可以提供数字化的图书馆资源，还可以利用网络等先进技术手段，让用户随时随地获取所需的信息资源，进而大大拓展了用户获取信息的途径和渠道。

2. 实现对大量资源的高效管理

高校图书馆信息化服务通过数字化技术实现了对大量资源的高效管理。传统的图书馆需要借助人力完成图书的分类、整理、入库等工作，这一过程容易出现疏漏和错误。而数字化资源通过电子手段进行自动分类、排序和存储，避免了人为因素的影响，使得资源管理更加规范化和高效化。同时，数字化资源还可以通过网络等方式进行共享和传播，不仅可以提高资源的利用率，还可以让更多的用户受益。

3. 提供更加智能化的检索功能

高校图书馆信息化服务可以提供更加智能化的检索功能。传统的图书馆需要用户手动查询索引目录等信息，难免会出现信息不准确的情况。而数字化资源则通过计算机程序实现自动化检索，提高了检索的准确性和精度。同时，数字化资源还可以通过智能推荐等方式提供更多的信息选择，让用户更加便捷地获取所需信息。

4. 提高用户的体验感和满意度

高校图书馆信息化服务可以提高用户的体验感和满意度。传统的图书馆服务往往需要用户亲自前往图书馆才能获取所需信息，这一过程不仅烦琐，而且还需要耗费大量时间和精力。而信息化服务则可以通过网络等方式让用户随时随地获取所需信息，让服务更加方便快捷。此外，数字化资源还可以通过多种形式进行呈现，如文字、图像、音频等，能够满足不同用户的需求，提高用户的使用体验感和满意度。

第二节　高校图书馆信息化服务的模式

一、高校图书馆微信信息服务

（一）微信开展高校图书馆信息服务的可行性

随着科学技术及网络信息技术的发展，微信应运而生。近年来，我国网络基础设施建设逐步完善，人民生活水平普遍提高，微信使用较为普及。“图书馆 + 微信”的服务方式可行性较高，具体体现在以下几个方面。

第一，高校图书馆主要为高校的教师和学生服务，而微信的使用者正好呈现出年轻化、高学历特征，两者在服务对象上存在共同点。同时微信的用户数量庞大，拥有良好的用户基础，图书馆开展信息服务则需要大量的关注和及时的推广，而微信恰恰具有这一得天独厚的优势，庞大的用户数量为图书馆服务的迅速普及提供了便利条件，为图书馆利用微信开展信息服务奠定了良好的基础。

第二，在图书馆信息服务的用户中，学生属于无收入或低收入群体，因此信息的传递成本是开展信息服务的重要参考量。而微信由于特殊的盈利模式，普通用户在使用中几乎完全免费，只会消耗网络流量。近年来我国网络建设发展迅速，宽带网速不断提升，无线网络覆盖范围越来越广，各大通信运营商也发布各种“提速降费”措施。网络流量的费用也相当便宜，因此信息的传递近乎免费，传递成本低，便于推广普及。

第三，系统稳定性好，微信公众平台的开发难度较其他图书馆信息服务系统低；微信具有免费开放的特点，并且与普通信息服务系统动辄上万元的开发费用相比，构建微信公众平台的成本低廉，同时微信公众平台支持各大主流操作系统，兼容性强，自动克服了跨平台的难点，不需要开发多个版本的 APP 客户端，免去了后期版本更新完善的投入；操作简单易学，在后期使用上没有技术鸿沟。

第四，微信的信息承载能力比以往开发的图书馆信息服务系统更强，几乎所有的文件类型均可在微信中直接打开，包括 Office 文件、PDF、超链接、多种音频格式、多种视频格式等。因此高校图书馆可以结合自身情况，将自身的各类服务放置在微信公众平台中，为用户提供服务。

第五，利用标签可以对微信公众平台的用户进行分组，精准定位用户属性，在进行信息推送时还能够挑选多种因素实施差别推送，只有符合相关条件的用户才可以收到消息。例如，可以针对低年级新生开展信息素养培训，也可以单独为硕士、博士研究生提供学科前沿动态方面的资讯。

（二）高校图书馆微信信息服务创新设计

1. 开展主动问候信息服务功能

在用户每次登录微信图书馆页面时，都应主动发送一条问候语，可以是文字、图片或是语音、视频，让用户感受图书馆的热情，让用户感到亲切。微信图书馆的馆员可以提供自己的微信二维码让用户添加，定期发送好友问候语，而且是一对一的问候，这样会引起用户的重视并提高用户的关注度，两者友好的沟通可以提升用户对图书馆的感情，以便以后建立稳定的用户关系。馆员不一定要使用单调的文字开展问候语，也可使用图片或是语音视频等，也许一句简单的话语便能温暖用户的心，一段微视频便能引起用户的关注。开展主动问候信息服务功能，让更多的人加入微信图书馆的平台，带给用户满意的信息服务。

2. 开展信息资源推送的信息服务功能

图书馆可以充分利用微信的推送信息服务功能，让用户不需要电脑，不用登录网站，就能在第一时间接收到学校的最新动态信息。用户只需要关注本学校图书馆的微信公众号，就可以接收到推送的信息。推送类信息的内容有通知公告、培训讲座、好书甄选、数据库试用、展览活动、论文检测服务、音乐影视欣赏类、美文杂谈类、小说原创连载、科普生活类等。图书馆员可以根据留言、评论或主动联系用户，将用户按学科、专业或爱好进行朋友圈分类，进而可以按用户需求推送信息，让每个用户都能得到最实用、有效的信息。但要注意，避免无目的无根据地推送信息，若推送的信息对用户无用或让用户产生厌烦感，会降低用户对图书馆的好感度，严重的甚至会使用户卸载删除微信图书馆应用程序。

3. 开展个性化、实时咨询的信息服务功能

开展个性化推送信息，在导航栏的“资源信息”中有报刊订阅模块，在这里可以订阅属于用户自己的推送信息，具体内容有热门教育、科技、头条、报刊、文史、财经、人文、军事、体育、外文资讯、娱乐等。订阅成功后，微信每天都会把订阅的信息主动推送给用户，让用户及时得到想关注的信息。在导航栏的“微服务”中可以实施推行个性化服务，让图书馆的服务更具特色性，其中在社会服务栏里可以查询校车时刻表、天气、快递等，还可以进行飞机票预订、火车票预订、酒店预订、旅游、租车等社会服务。生活缴费里可以缴纳宿舍电费、网费及图书借阅费等。图书馆在日常生活中，可以通过各种途径不断地调查获取用户的信息需求，积极开发用户需要的信息服务，让图书馆的信息服务为用户而存在，为用户需求而改变。

开展实时咨询服务，图书馆可以利用微信的特有功能进行语音交流的实时咨询服务，使图书馆员可以针对用户提出的每一个问题进行实时解答，这样一对一的用户服务，更容易达到用户的满意度。咨询服务还可以分学科分专业进行咨询，也可分毕业生、考研生、出国生，等类别进行咨询，详细的分类服务，使图书馆的信息服务更专业。

4. 开展自动应答和人工服务两种信息服务功能

开展自动应答服务，对于经常被问到的常见问题，微信后台工作者可以根据微信的自定义菜单功能，提前编辑好问题和答案。用户在前台界面可以直接输入简单的关键字，就能得到想要的答案。自动应答系统

也可以识别语音信息，用户用简洁的语言、标准的发音进行咨询，系统会用语音进行答复。若识别不了，会告诉用户没有听清楚请再说一遍或请咨询人工服务等信息。

人工服务可以帮助用户及时解答问题，进行一对一的互动交流，还可以增进用户对微信图书馆的感情，微信图书馆可以通过人工服务来收集反馈的问题，进而逐步完善导航服务体系。

5. 开展信息资源共享服务

图书馆员可以建立微信群聊，按专业或爱好将用户进行分类，使馆员和用户建立信息共享服务，馆员可以引导读者信息共享，如今天的讲座、推荐的新书、今日放映的电影等，都可以进行深层次的讨论，用户和用户之间也可以进行互动交流讨论，实现信息共享，知识共享。

二、高校图书馆个性化信息服务

（一）高校图书馆个性化信息服务的对象及特征

1. 高校图书馆个性化信息服务的对象

高校图书馆的主要功能是满足读者对学习、科研等知识的需求，个性化信息服务是以用户为中心的服务，明确了服务的对象，才可以进一步了解服务的内容，才能知道如何提升服务质量。对数据信息资源的需求而言，高校师生因专业及年级的不同而存在较大的差异，但高校图书馆相较其他信息服务组织更容易掌握用户的信息需求，因而在服务上优势更明显。

现代化高校图书馆的服务宗旨是以人为本，其服务对象已不再局限于以往的借阅图书的读者，而逐渐转变成了通过信息服务系统阅览图书信息资源的用户。这些用户主要包括高校的教师、学生、科研人员以及社会用户。除了单独的个体用户，高校的各个系统以及学院、系部，也可以作为一个整体的具有共同需求的个性化信息服务对象。服务方式也由同时同地转变为了不同时段及不同地域的在线交互。个性化信息服务彻底打破了传统限制，从而更加符合高校教育教学工作者以及学生的需求，使得其服务更具有人性化、主动化。例如，秦皇岛职业技术学院信息中心（图书馆）资源建设部在进行图书的招标采购时，会通过 CRP 系统主动向全院发布征集图书目录的通知，看到通知的各系部如果有这方面的采购要求，可以通过邮件的方式直接传递到馆员的邮箱，最后图书馆服务人员对邮件进行反馈。这种服务即为典型的个性化信息服务，利用网络这个大平台帮助用户准确提出自己的个性化需求，并得到及时的解决与反馈。

2. 高校图书馆个性化信息服务的特征

（1）服务对象的层次性与针对性强。高校图书馆的服务对象较为特殊，这也决定了其服务的层次性与针对性，主要就是针对高校的师生。高校师生的专业、学历、科研方向、兴趣、习惯等具有很大的差异性，个性化倾向显著，导致其信息需求各不相同。教授、专家或博士生的需求更倾向专业性强、广且深的高质量信息服务，如原始文献查阅、科技前沿等；高年级本科生及研究生最需要的是与学科相关的信息服务，如前沿学术检索等；而大多数本科生，除了需要有关专业的信息资料，还需要一些课外读物，信息需求主要集中在阅读及借阅上。所以，高校图书馆是分门别类进行信息服务的。根据服务对象的这些差别，高校图书馆需要通过对不同的需求进行深入探索，建立一个较为系统并且丰富的信息数据库。

（2）服务的专业性强。高校图书馆提供的个性化信息服务具有较强的专业性，由于其服务对象主要是高学历、高水平的师生，他们的学术背景和研究领域各不相同，因此他们所需要的信息资源更加专业化、复杂化和多样化。针对这种特殊的情况，图书馆服务人员在为其服务的时候更需要具备一定的专业知识，才能更好地与服务对象进行有效的探讨和交流，便于用户更好地获取需要的学科资料。例如，某大学图书馆想要采购一批外语的原版图书扩充馆藏，让具有外语专业背景的学科馆员与外语系师生进行沟通与协调，将更有助于开展个性化信息服务。这是因为学科馆员具有图书馆和外语两大学科的专业背景，一方面，由于在专业术语以及外文沟通方面没有障碍，可以精确地把握外语系对专业图书的具体要求；另一方面可以精确地转达给图书供应商所需书目；另外，图书到馆后，具有外语背景的学科馆员进行图书验收及外文编目时，也能提高效率，具有较大的优势。在个性化信息服务过程中，最大的受益者是外语系的师生；与此同时，学科馆员的专业水准也会得到一定的提高。

（3）服务方式多样。随着网络信息技术的高速发展，数字化资源在高校图书馆中所占的比重明显扩大。传统的图书馆服务主要以纸质信息为基础，而个性化信息服务能提供的信息资源既有纸质资源，也有电子资源，服务人员还可以通过各种通信软件为用户提供信息服务。这些服务打破了时间和地域的限制，为用户获取信息服务提供了方便。个性化的信息服务提供了交互式的图书馆服务，使得缺乏信息检索能力的用户大大受益。例如，学科馆员可以主动为用户提供专业性的文献信息服务。咨询馆员可以通过电子邮件、社交网站、即时通信软件等途径，为用户提供了更为方便快捷且独具特色的信息服务，这不仅有效提高了用户的信息获取效率，而且间接地促进了学术创新和科研成果的产出。

（二）高校图书馆个性化信息服务方式

鉴于高校图书馆提供个性化信息服务的方式比较丰富，本书只选取了比较有代表性的几种个性化信息服务方式作为理论参考：个性化信息推送、个性化信息定制、个性化信息互动、个性化信息资源管理、My

Library 信息服务系统。

1. 个性化信息推送

信息推送指的是借助推送技术来完成对用户的主动信息服务。推送技术是一种计算机数据分发技术，它根据用户指定的时间间隔，自动将用户选择的数据推送给用户。一般来说，信息推送服务可以分为以下四种：一是通道推送，二是邮件推送，三是网络推送，四是专用推送。其中使用频率最高且最简便的是第二种，因为用户可自行控制其发送的形式与具体时间，但其有一个不容忽视的缺点，那就是无法实现信息供需方的交流与互动。

个性化信息服务的推送离不开网络技术的支持，通常情况下，在为用户提供个性化信息服务的时候，用户第一反应是在图书馆的个性化信息系统中登记自己的身份信息、喜好等，以此来帮助系统分析并梳理其信息，从而构建出对应的需求信息模型。系统需要提取用户的信息需求关键字，在信息资源库中检索与之匹配的信息，然后根据用户提出的定制需求，对信息内容予以有效的分类与整合，最后在规定的时间内主动将信息推送至用户的邮箱。

信息推送主要有以下模式：用户在借阅相关书籍或电子资源的时候，系统会自动向用户推送其他用户相关的信息选择结果，还会为用户推荐尚未发现的信息资源；用户在使用图书馆的咨询服务时，系统会在第一时间内结合数据的分析结果，为用户提供相关提示；结合移动终端所处的位置及其类型，帮助用户在有效的时间内订阅相关信息服务。

推送技术能够节省用户上网时间，避免信息过载，尤其能够针对性地满足用户的个性化需求，从而缓解线路拥塞，受到用户的欢迎。它改变了人们获取信息的方式，从人寻找信息转变为信息寻找人。高校图书馆可利用该服务模式向广大读者提供新兴服务，如开展新书专题活动、会议咨询以及科研课题报道等。

2. 个性化信息定制

个性化信息定制意味着用户可根据自己的需求与目的，在特定的系统功能与服务模式下，设定自己想要的信息资源类型、表现形式、系统功能等。该定制服务主要是为方便个人用户收集、组织和提供信息资源以满足用户的个别需求的服务。用户登录到站点，输入账号和密码，借助服务器来查询用户数据库，且发挥动态 Web 技术的作用，结合查询结果自动生成用户定制的动态页面。由此可知，个性化信息定制不仅有助于服务器创建用户信息库，还能根据用户信息自动推送其所需的信息服务。

个性化定制服务分为三种：一是个性化用户界面；二是个性化信息检索；三是个性化内容。其中，第一种指的是用户可自主选择网站的界面风格，如颜色、内容编排、界面的整体结构等。例如，清华大学图书馆为网络用户提供了丰富的个性化定制服务，用户可以通过这些服务管理自己的个人在线图书馆，包括灵活管理自己的网页和订阅网站的内容，提高了用户的信息使用效率，提高了图书馆网站的用户服务水平。第二种则是指用户按照自己平时的信息检索习惯与实际需求来定制个性化检索方式，比如检索历史的分析、个人检索的模板、个人词汇以及检索工具的定制等。最后一种是指根据用户个人爱好及对信息服务的需求定制相应的信息。用户可在高校图书馆网站选择内容模块，也可向图书馆提出申请。个性化信息的定制服务有以下两种方式。一是个性化定制，即用户自主选择系统的功能及服务。其实际是从系统已有的模板中选择与用户需求相符的服务。二是自动预测，也就是系统自动分析用户所提供的信息，对其中有价值的信息进行重组。

3. 个性化信息互动

互动式服务是一种动态的服务方式，其主要是通过和用户互动来进一步明确信息服务的内容及方式。该服务分为三类：一是实时互动，常见的如在线咨询；二是延时互动，即用户可以用留言板、邮件等方式来咨询所需信息服务；三是合作互动，即由图书馆对用户群体展开问卷调查，根据调查结果改进工作效果。

在和用户互动的过程中，图书馆一方面要为用户提供所需信息，另一方面，还要收集用户的个人信息，对其进行深入分析与加工。在构建有利于用户的信息模式时，借助用户的真实反馈对该模式进行适当的调整与改进，与此同时，还要优化现有的服务，更好地满足用户的信息需求。通常而言，高校的图书馆网站均设有专门的帮助模块，如在线咨询、电子邮箱等。这些模块的存在可极大地促进用户与服务人员、其他用户之间实现即时且高效的互动，更快地帮助用户解决使用期间遇到的问题。

4. 个性化信息资源管理

高校信息资源丰富，尤其是科技研发等学术性信息资料；并且不同的学校在科研项目上的重点也有所不同，师生的教学需求也各有差异，因此有必要构建出科学且有秩序的信息资源管理机制。除此之外，高校图书馆也应该强化自身的学科资源管理，在确保信息资源充足的情况下，再为用户创建高度个性化的个人信息数据库，使用户能够随意管理并编辑自己的数据库内容，对信息进行明确的分类与整合，实现个性化的信息资源管理。

另外，高校图书馆还可建立专业学科库，为用户提供更具有针对性的信息服务，以引进信息资源的方式对系统进行有机整合。各高校图书馆之间还可达成联盟关系，借助信息资源的整合技术共享各图书馆之间的信息资源，提高信息资源的利用率，为图书馆注入新的动力。

5.My Library 信息服务系统

My Library 作为一个信息服务系统，具有较高的个性化水平，且可操作性较强，是个性化地收集和组织数字资源的门户，该系统旨在允许用户自行选择其所需要的信息资源来避免信息过载。目前，我国大多数高校图书馆已经根据这一服务理念推出了 My Library（我的图书馆）系统，我的图书馆系统在高校图书馆中得到广泛的应用。在国内，已有不少著名高校开发了类似的系统，如清华、北大、浙大、中国人大等，该系统具备以下几大主要功能。

（1）书签功能。该功能与浏览器中的书签功能十分相似，但二者的区别在于用户可在任何设备上访问 My Library 的书签内容，且能轻松收集并维护其中的信息资源与网络链接，用户可在自己的书签上标记喜欢的网站，可以随意登录互联网。

（2）可分类并定制图书馆的数字功能。用户可将使用频率较高的数据库加入自定义的页面上，以便于检索。自定义页面内容可以随时更新。

（3）可推送最新信息。用户在进入 My Library 页面时，会弹出一个通知窗口，内容是图书馆最近的发展动态与最新的数字资源。

（4）可进行智能代理与检索。智能代理是指利用信息空间中的各项活动来主动搜索用户可能感兴趣的信息内容，并将其推送给用户，从而实现更为高效的搜索。

三、面向企业的高校图书馆信息服务

（一）企业信息需求特点及内容

企业信息需求是高校图书馆开展企业信息服务的基础，高校图书馆的企业信息服务都是围绕企业信息需求来展开的。了解企业信息需求的内容及其特点有利于高校图书馆根据自身的资源和其他有利条件有针对性地开展企业信息服务。

1. 企业信息需求的概念及其特点

（1）企业信息需求的概念。企业是从事生产、流通、服务等经济活动，以生产或服务满足社会需要，实行自主经营、独立核算、依法设立的一种营利性的经济组织。需求是行为的原动力，只有当用户认识到某种需求并希望得到满足的时候，才能产生某种行为。

经济学中对需求的定义通常指在某一时期，某一的价格水平下，消费者愿意并且能够购买的某一的商品数量。该定义主要是针对传统物质产品而言的，对信息产品及信息服务不完全适用。信息产品及信息服务作为一种经济资源虽然在一定条件下能满足商品构成的要件，可以在市场上交易并实现其价值，但是，由于信息产品及信息服务具有一般商品所不具备的公共物品属性，如共享性、外溢性等。对企业而言，这就意味着企业既可以花钱在市场上购买所需的信息产品和劳务，又可以通过一定的途径免费获得。

在考虑信息产品及信息服务特性的情况下，借用经济学中需求的概念来定义企业信息需求，可将企业信息需求定义为在一定时期，一定条件下，企业为满足生产经营活动希望并且能够获得的信息产品或信息服务的数量。这里的“希望”主要指企业在发展中存在对信息的不足感而产生的一种意愿；“获得”既可以是免费获得，也可以是有偿获得；这里的“数量”是指异质信息产品或劳务的数量。

（2）企业信息需求的特点。不同类型、不同性质、不同时期的企业对信息需求的内容各异，总的来说，企业信息需求的特点主要有以下几点。

第一，综合性。信息经济时代，企业时刻处于一个瞬息万变的竞争环境中，企业若想在竞争中立于不败之地，就必须及时掌握与企业有关的各种信息，这些信息大的层面包括全球经济环境变化信息、国家方针政策、法律法规信息、社会环境变动信息、前沿技术发展信息等；中等层面包括行业、行规状态发展信息、上下游企业信息、竞争对手信息、市场行情信息、股票投资信息等；小的层面包括企业内部的财务信息、人力资源信息、产品信息、技术信息、资产信息等。

第二，针对性。不同企业在不同的发展阶段会有着不同的信息需求，针对性很强。如在技术研发阶段，就需要对相关技术信息和技术发展动态进行了解；在产品销售阶段就需要对消费者信息进行了解；在投资阶段就需要了解投资环境方面的信息等。

第三，层次性。首先，层次性表现在信息需求覆盖的范围上，主要分为三个层面。宏观层面的有国家政治态势、政策方针、经济环境、法律法规信息；中观层面的有行业状况、行业规范、行业动态信息；微观层面的有企业竞争对手信息、企业客户信息、产品流通信息等。其次，层次性表现在对信息的加工程度上，如一次信息、二次信息、三次信息。一次信息是指在各类活动中产生的原始信息，如期刊论文，调查报告等；二次信息是指对一次信息进行加工整理后产生的信息，如书目，文摘等。三次信息是在一、二次信息的基础上分析综合而形成的信息，如述评、综述等。

第四，及时性。时间就是效益，信息时代企业竞争比的是速度，谁能及时有效地获取信息，谁才有可能赢得竞争优势。同时，及时有效的信息能够提高企业的敏锐度，促使企业形成一种快速反应的机制，做出正确的决策，从而降低风险，提高市场竞争力。

第五，准确性。企业对信息的准确性要求很高，企业的每一个流程都离不开准确的信息。如制定产品生产计划需要准确的需求信息，进行技术研发需要准确的技术信息，管理层决策需要准确的市场信息等。

第六，便捷性。企业每天都需要很多准确、及时的信息，但企业信息管理人员往往事务繁忙，如果信息的获取渠道不畅通、速度不快捷，不但会浪费企业信息管理人员的宝贵时间，增加信息获取的成本，而且会影响信息的使用价值，这就要求信息能以最快的速度、最方便的方式传递给企业。

第七，长期性。企业信息需求是一个长期和连续的过程，如企业要跟踪竞争对手的发展态势，就需要长期收集竞争对手的信息；企业产品的不断开发和创新需要长期的技术信息作为支撑；企业客户关系的维护也需要长期的客户信息。

第八，超前性。信息经济时代，随着技术的不断进步和产品生命周期的不断缩短，创新成为企业发展的灵魂。企业要开发新技术、创造新产品、开拓新市场、创造新需求，就需要那些具有超前性的信息来支持。超前性信息的表现形式主要是各种趋势分析报告。

2. 企业信息需求的内容

企业信息需求的内容十分庞杂，按照不同的标准可以分为不同的类型，为方便研究，一般可以按企业信息的来源把企业信息需求的内容分为企业外部信息和企业内部信息。

（1）企业外部信息。企业外部信息主要指那些来自企业外部的与企业运行环境密切相关的信息。这部分信息来源复杂，分布零散，按其内容可以分为以下几类。

第一，宏观环境信息。宏观环境信息的内容主要指政治法律环境信息、经济环境信息、社会文化与自然环境信息、技术环境信息。

第二，中观竞争环境信息。中观竞争环境信息可以借助波特的产业分析五力模型来概括。具体分为企业客户（买方）信息、供应方（卖方）信息、替代品信息、潜在入侵者信息、竞争对手信息。

第三，微观的商业信息。主要包括人力资源信息、管理信息、投资信息、物流信息、资金流信息、市场信息等。

（2）企业内部信息。企业内部信息主要指那些产生于企业内部的与企业运行环境密切相关的信息。这部分信息是维持企业正常运转的最基本的信息，但往往分散在企业的各个部门，其中部分信息还具有一定的保密性质。按其内容可以分为以下几类。

第一，企业内部人力资源信息。包括人力资源需求信息、人力资源流动信息、人力资源考核信息、人力资源激励信息、人力资源能力信息等。

第二，企业内部资产信息。包括有形资产和无形资产信息，如厂房、机械设备信息、企业品牌、商标信息等。

第三，企业内部财务信息。包括各种财务报表信息以及财务比率信息，如流动比率、速动比率、应收账款周转率、总资产周转率、资产负债比率、净资产利润率、投资回报率、成本费用率等。

第四，企业内部研发信息。包括研发项目信息、研发进度信息、技术信息、研发人员状态信息等。

第五，企业内部产品信息。包括生产成本、原材料供应、质量控制、产品物流信息等。

第六，市场营销信息。包括市场定位、营销战略、营销渠道、营销队伍、营销方式、定价策略、售后服务策略、客户关系管理信息等。

第七，日常管理信息。主要指那些企业在日常经营管理过程中所产生记录企业事件的信息，这些信息零散、无序，单条信息的价值很少，通常要经过加工整理系统化后才能产生价值。

（二）高校图书馆面向企业开展信息服务的有利条件

1. 稳定的信息服务机构

高校图书馆是高校的重要组成部分，其相对于一般的信息服务机构而言具有更强的稳定性。信息服务机构的稳定性是其为企业开展长期信息服务的前提之一，高校图书馆作为一个比较稳定的信息服务机构，拥有比较固定的服务场所、稳定的专业服务人员、稳定的信息资源储备和软硬件设施，这些都有利于其与企业长期合作，为企业提供全方位、全流程、高品质的信息服务。

2. 高水平的信息服务队伍

高水平的信息服务队伍是信息服务质量得以保证的前提。高校图书馆近年来不但吸纳了很多高学历、高职称的图书情报专业人才的加盟，而且也引进了很多具有其他学科背景的高素质人才。这些人才的加盟，不仅完善了高校图书馆的人才结构，为高校图书馆的信息服务注入了新的活力，而且提高了高校图书馆信息服务的整体水平，为高校图书馆向企业提供信息服务打下了坚实的基础。高校图书馆在引进高水平信息服务人才的同时十分注重对老员工的培训工作，有效的培训从整体上提高了图书馆员的综合素质和信息服务能力。

3. 先进的信息服务技术

（1）高校图书馆拥有比较先进的信息加工和处理技术。高校图书馆作为高校的信息集散地和信息处理中心，长期以来积累和创造了很多行之有效的信息加工和处理技术，如信息收集技术、分类技术、检索技术、分析技术等。

（2）高校图书馆普遍采用现代的信息技术和网络技术来提供信息服务。例如，配备高性能的计算机，组建先进的信息技术网络室，引进先进的自动化管理系统，设立图书馆在线参考咨询网站，提供个性化信息推送服务以及手机图书馆服务等。

4. 以高校为依托的人才宝库

高校是社会的智力宝库，企业需要的各种知识信息几乎都可以在高校找到。高校图书馆依靠高校这个宝库，一方面当为企业提供信息服务遇到难题时，能很方便地跟高校的相关专家和研究人员取得联系，借助专家的力量为企业提供信息服务；另一方面高校图书馆可以扮演一个中介的角色，为企业和高校的科研人员牵线搭桥，促进高校与企业的全面合作。

第三节 高校图书馆信息化服务模式的实施策略

一、基于微信的高校图书馆信息服务发展建议

（一）规范图书馆微信公众平台管理制度

目前的高校图书馆微信公众平台还需要进一步完善，很多图书馆的微信公众号还没有得到官方微信认证。微信公众号一旦认证后，将更具有权威性，图书馆更加具有可信度。图书馆公众账号设置也没有统一的格式，这主要是由于没有统一的管理制度，应当加强制度建设，规范图书馆公众平台。对服务对象、服务板块内容的设计、推送信息的内容和发布的频率等都需要制定一系列的规定，对图书馆的工作人员和负责微信公众号的工作人员都应加以制度化的管理，这就需要图书馆进行详细的计划和深层次的研究总结，设计一个全面系统的管理模式。

（二）加强基于微信的图书馆信息资源推送服务

现在图书馆微信公众平台的信息推送服务主要是文字、图片推送。一些读者对推送的内容不感兴趣，将其当作垃圾信息忽略掉，降低了对图书馆的关注度。这就需要图书馆员对用户群进行类别分组，对待不同专业，不同爱好的读者进行个性化信息推送，图书馆员通过分析留言墙、评论中心或主动访问等办法，归纳总结读者特点并进行分类，分析出各类读者所需求的信息资源。例如，对待新生，就应主动推送一些符合新生心理需要的信息资源；对待考研生，应及时推送一些科目考研信息及科考资料等；对待毕业生应主动推送些关于论文类、文献资料类等

内容的信息。总之根据不同的用户群，开展个性化的，具有针对性的图片、文字、语音、视频等信息的推送服务。

（三）创造丰富的图书馆微信内容

高校图书馆的微信服务尚不是很健全，除提供一些基本的服务外还应有所创新，向多元化发展。有些图书馆没有开通自定义菜单，没有导航服务功能，只有推送信息的服务，推送内容有限，并没有很好的利用微信图书馆进行服务。拓展微信服务内容是微信图书馆发展道路上的关键。在应有的基础服务之上，图书馆应提供各种类型的具有特色的服务，使微信图书馆的服务向多元化、人性化、实用化方向发展。在资源信息方面，增加订阅信息模块，用户可以订阅科技、军事、体育等方面的书刊，图书馆员可以将订阅的电子期刊每天准时推送给用户。

（四）加强图书馆员与读者的互动性

互动性是指图书馆员和读者之间沟通交流、相互影响的关系。大部分高校图书馆没有通过微信公众号开展活动与读者进行互动，说明图书馆对与读者的互动交流意识不强。图书馆员与读者的互动性不强，对于读者提出的问题，回复内容不及时，或根本无人回复信息，导致用户对微信图书馆的利用率降低，对图书馆的关注度降低。

图书馆与读者之间的互动很重要，建立一个和谐互利的关系有助于互动性的提高。互助性的增强一方面能帮助读者提高信息资源的利用，另一方面能帮助图书馆员增强服务意识。此外，互动性的增强不仅可以增进馆员与读者之间的感情，建立良好的互助关系，还可以从读者那里获得相关信息，帮助馆藏资源信息的建设。

（五）加大图书馆微信公众平台的宣传范围和宣传力度

微信图书馆是为方便读者学习提供的有力工具，然而还有很多用户对图书馆微信服务并不是很了解，因此图书馆只开通微信图书馆公众号是不够的，还需要通过各种媒介和途径做宣传，如在人流密集处开展活动推广微信公众平台，在图书馆门前张贴大海报，并且附上二维码，或在读者证上印上本校微信图书馆的二维码，只需扫描一下，用户就可以很方便地关注。此外，还可以通过学校的网站、微博来宣传。图书馆员可以利用微信能搜索到一千米以内的人，主动添加好友进行问候，主动发送语音、图片、视频等信息进行互动交流。让用户知道图书馆一直在关注着他们，为他们尽可能地提供帮助。让用户感觉到图书馆的热情，最大程度地挖掘潜在用户，提高用户对图书馆的关注度，最大限度地发挥微信图书馆的作用。

（六）提高馆员整体素质和能力的培养

图书馆员本身就是服务的体现，所以提高素质很重要。图书馆应长期坚持馆员培训，提高图书馆员的综合素质，不论是工作能力上还是心理素质都应进行引导培训。图书馆员应具备良好的沟通能力，这样才能准确地将信息传达给用户；图书馆员还应熟练地掌握网络技术，能引导读者利用微信图书馆查询资源、办理业务，为用户提供良好的服务指导。

针对用户提出的不同学科的专业的问题，更加需要高文化素养的馆员进行服务，只有高素质的图书馆员才能胜任烦琐的信息采集、资源推送等工作。加强图书馆员文化素养和能力的提升，才能为用户提供高质量的信息服务，微信图书馆才能得以生存和发展。因此图书馆员要从自身做起，努力提高自己的文化素质水平，通过不断学习提高自己的综合素质。只有这样，微信图书馆才可以更好地服务于用户。

微信在图书馆领域的发展前景广阔。微信平台的逐渐成熟，为微信图书馆的创新服务发展带来了机遇，更多的业务办理，个性化信息服务都可以通过微信图书馆来实现，因此微信在高校图书馆的应用朝更广、更深层次发展是势在必行的，微信平台的建立给用户提供了方便、优质的信息服务，促进了图书馆信息服务的建设。

二、借助大数据构建高校图书馆个性化信息服务系统模型

（一）大数据环境下高校图书馆个性化信息服务系统建设目的

高校图书馆为用户提供个性化信息服务，除从馆藏资源中检索出用户所需信息外，还要结合用户实时信息需求，主动将符合用户需求的信息推送给用户。用户信息行为一般包括检索历史、资源下载、评价留言、信息收藏、借阅历史、参考咨询记录等，利用大数据挖掘技术对用户信息行为进行挖掘，可以得出用户当前信息情境，掌握用户多变的信息需求，从而为用户提供更优质的个性化信息服务。

大数据环境下高校图书馆个性化信息服务系统构建是以目前图书馆的信息服务模式、信息服务平台为基础，然后结合不同数据库收集的各种用户相关信息记录为数据资源，利用大数据挖掘分析技术，总结出用户信息需求变化的规律，再根据规律找出符合用户需求的信息，利用智能推送技术主动将信息推送给用户，为用户提供真正意义上的个性化信息服务。

（二）大数据环境下高校图书馆个性化信息服务系统功能模型

根据高校图书馆已有数据资源和服务平台，结合高校图书馆个性化信息服务系统以及大数据特点、信息处理流程等因素，总结出大数据环境下个性化信息服务系统主要包括十大模块，即用户接口模块、信息检索模块、信息过滤模块、数据集成模块、数据规范化模块、数据分析模块、信息匹配模块、信息推送模块、用户评价模块、用户信息库。大数据环境下高校图书馆个性化信息服务系统模型如图 2-1 所示。

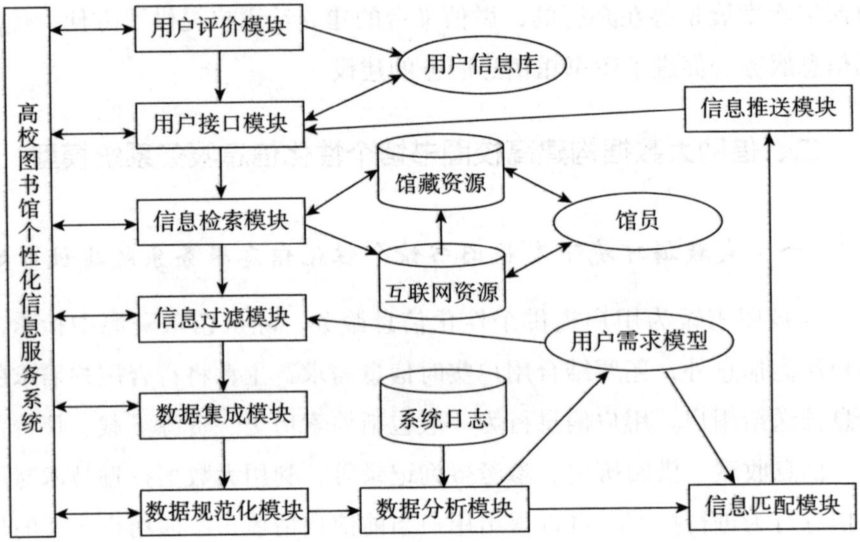

图 2-1 大数据环境下高校图书馆个性化信息服务系统模型图

（三）大数据环境下高校图书馆个性化信息服务系统功能

1. 用户接口模块

该模块连接用户客户端与个性化信息服务系统，主要通过服务器网页体现，用户登录个性化信息服务系统，需要在用户接口模块输入账号、密码，进行身份认证，然后系统将用户基本信息添加到用户信息库中，建立用户个性化信息数据库。用户通过用户接口模块检索系统数据资源，输入检索要求，系统根据检索要求进行检索，将获得的资源通过用户接口模块推送给用户，用户还可以对服务的质量进行反馈，评价信息经过该模块反馈给系统，实现个性化信息服务系统与用户之间的信息交流。

2. 信息检索模块

用户通过用户接口模块输入检索关键词，然后系统自动将用户的检索需求通过智能检索代理技术在图书馆本地资源进行检索，检索到与用户要求相关的信息后反馈给信息检索模块；如果没有找到匹配资源，就从互联网资源中进行检索，然后将找到的匹配信息加入本地信息库中，再反馈给信息检索模块。信息检索模块将收到的信息整合起来后，推送给系统其他模块进行处理。

3. 信息过滤模块

信息检索模块将检索到的信息传递给信息过滤模块，信息过滤模块主要是对检索到的相关信息进行初步筛选。该模块首先要对信息的特征进行抽取，得到信息向量模型，然后与用户信息需求模型进行匹配、比较，得到满足用户个性化信息需求的信息，同时还要以用户长期信息检索行为得到的用户模型为参考标准来筛选检索到的相关信息，按照用户信息需求相关度依次去除相关度低的信息资源，提高信息服务质量。

4. 数据集成模块

高校图书馆服务对象多是本校师生，用户信息行为数据分散存储在图书馆不同的系统中，加上图书馆信息资源系统较多，图书馆用户相关记录、电子资源使用记录、学科服务平台信息、网络日志等数据源都通过其中的相关数据进行连接。为了使用户得到全面的信息，需要将这些来源不同、格式不同、数据含义特点不同的数据资源在逻辑上进行有机集成，这样才能为用户提供范围广、内容准确的信息内容，也能为下步数据规范化处理做好准备工作。

5. 数据规范化模块

利用大数据技术对用户信息行为等数据进行挖掘分析，首先需要保证数据的统一。在数据集成模块集成的数据来源广泛，其各种属性必然存在差异，要对其进行挖掘首先要对数据进行规范化处理，使数据达到数据挖掘算法要求的标准。数据规范化处理要经过四个程序，其工作流程如图 2-2 所示。

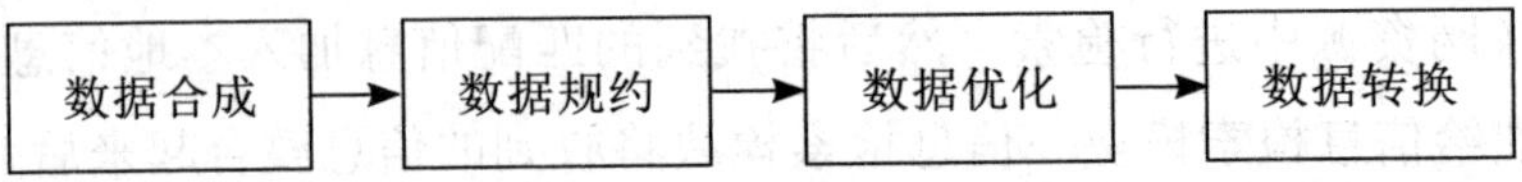

图 2-2 数据规范化流程图

（1）数据合成。图书馆拥有多种来源于不同公司和机构的自动化系统，各系统之间相对独立，系统中记录用户行为的数据字段的意义和格式也各不相同，若要对系统中记录用户信息行为的数据进行合成，必须找到各系统数据库之间的字段联系，建立唯一识别关键字段，通过这个关键字段将不同系统的数据记录联系起来，只有这样才能利用大数据挖掘分析技术，对用户的全部信息行为进行挖掘，发现用户的真实信息需求。高校图书馆用户主要是教师和学生，区分用户身份的字段可以是身份证号、学号、工号等，在方便、快捷、安全的前提下，使用学号、工号比较容易实现，因此图书馆使用学号（工号）作为连接标识符可以将不同系统中数据连接起来。

（2）数据规约。由于高校图书馆自动化系统标准不统一，跟踪记录的用户信息行为会存储到不同数据库中，不同数据库对字段标识的定义存在差异，相同的信息记录在不同数据库中可能不同。例如，在用户信息库中，标记性别可能是“男”或“女”形式，而在借书记录数据库中，标记性别可能是 male 或 female，显然这两种形式都是记录用户性别信息，只是存储在不同数据库中，其含义不变。为提高数据分析准确率，避免数据歧义，要对合成的数据进行规约。

（3）数据优化。数据优化主要是对数据合成、规约后的数据进行处理，目前得到的用户记录信息，虽然已通过唯一识别字段连接起来，但仍有很多问题。例如，各系统数据库中重复的字段属性连接后重复属性应该剔除；而有些字段属性信息仅部分数据库拥有，连接后其他数据库本字段信息值欠缺，需要补充；还要对错误信息进行改正，有的甚至需要进行离散化处理，最终将错误数据、污染数据、噪声数据及不一致数据清除掉。

（4）数据转换。数据转换主要目的是将处理后的数据进行变换，使其满足大数据挖掘算法对数据形式的要求，常用的方式有数据概化、平滑聚集等。

6. 数据分析模块

该模块主要对信息规范化模块传来的数据进行处理，由于图书馆自动系统跟踪记录了用户大量的行为信息数据，这些数据结构类型除结构化数据外还包括半结构化和非结构化数据，所有数据共同存入系统日志中，根据用户获取信息的方式将数据分析模块分为三种。第一种是通过本馆资源获得结构化数据方式，采用结构化数据分析模块；第二种是来自网络资源的数据，采用系统日志分析模块；第三种则是用户通过社交移动网络从其他用户那里获得资源，采用特殊信息分析模块，该模块最后将所需信息进一步精确找出，同时形成用户信息需求模型，为信息匹配模块提供参考依据，共同为用户提供个性化信息服务。

7. 信息匹配模块

数据经过数据分析模块后，得到用户实时信息需求模型，并对检索的数据资源进行规范化，该模块主要是将用户需求模型与整理得到的数据信息进行全面匹配，二次挑选出相关度高的信息传送给推送模块，馆员选出符合用户实时需求模型的信息，同时为满足用户个性化信息需求，馆员根据用户需求模型，与本地资源、互联网资源进行匹配，将符合的信息推送给用户。

8. 信息推送模块

信息推送模块主要利用智能代理技术，根据用户个性化信息需求，将适当信息通过用户接口模块主动推送给用户。例如，根据图书馆自动化系统对用户跟踪挖掘，当用户下次进行搜索时，系统主动为用户推荐搜索相关内容或者用户未意识到的潜在信息需求；还可以对用户社交网络等跟踪分析，挖掘用户实时信息需求，主动向用户推荐；或者根据用户定制的信息需求，不定期地向用户推送内容，这些都是信息推送模块的任务。

9. 用户评价模块

通过信息推送模块，将符合用户信息行为模型的个性化信息推送给用户，用户接收后，可以通过用户评价模块对信息服务满意度进行评价，系统会自动将评价信息存入系统的个性化信息库和用户信息库中。通过对个性化信息库中用户评价的挖掘分析，为改善数据挖掘算法提供依据，用户信息库中的评价可以为建立更符合用户信息需求的模型提供参考。该模块得到的用户评价信息，可以为提高个性化信息服务针对性、准确性提供依据，实现真正意义上的个性化信息服务。

10. 用户信息库

用户通过用户接口模块进行注册，输入用户学号（工号）、姓名、性别、年级专业、兴趣爱好等基本个人信息，然后系统将这些格式规整的结构化数据自动存储到用户信息库中，同时用户对个性化信息服务的使用反馈评价也可以作为备注存储到用户信息库中。这样图书馆可以充分了解用户，从而在提供个性化信息服务时可以结合用户信息库，共同寻找用户需求的信息，主动为用户提供针对性更强的个性化信息服务。

（三）大数据环境下高校图书馆个性化信息服务系统应用瓶颈

1. 数据来源的限制

利用大数据技术对用户信息行为数据进行深度挖掘分析，得出用户实时信息需求模型。为保证挖掘结果的可靠性，需要保证分析的数据量足够大，还要符合挖掘技术的要求，数据之间要有一定的耦合度，这样挖掘分析的结果才是权威科学的用户真实信息需求模型。目前高校图书馆获得的用户信息记录大部分只是校内行为数据，校外用户的信息行为记录还需要与移动、电信等运营商进行协调才能得到，使得收集用户全面的信息行为数据存在障碍。数据来源的局限性，使得用户信息行为数据收集不全，从而在一定程度上降低了用户信息需求模型的准确度。

2. 软硬件设备水平差异大

大数据处理技术首先要实现大量数据存储、分析的要求，这需要高容量、高速率软硬件设备支撑。高校图书馆受学校经济、政策等影响，其软硬件设备水平差异较大，目前部分图书馆设备的水平还不能满足大数据应用的要求，需要购买先进设备才能更好地引进大数据技术，实现数据挖掘。软硬件设备的建设需要学校对图书馆工作加以重视，加大资金投入，为服务好用户而共同努力。

3. 用户隐私安全

个性化信息服务是在充分了解用户的前提下开展的，需要对用户信息行为进行实时跟踪记录，然后对数据进行筛选、分析、聚类、整理等，利用大数据技术进行深度挖掘来获得用户实时或潜在的信息需求，从而为用户提供更优质的服务。在这个过程中需要对用户行为进行跟踪，无形中会影响用户的隐私安全，因此为保护用户隐私，图书馆首先要与用户达成协议，在征得用户同意的前提下才可系统监控，同时在对用户信息行为进行处理前要剔除涉及用户隐私的信息，图书馆也要加强系统的安全系数，防止漏洞泄露用户隐私，最大程度上保障用户隐私安全，建立图书馆与用户之间的信任机制，便于服务工作的开展。

三、面向企业的高校图书馆信息服务对策

（一）优化高校图书馆内部管理

高校图书馆要响应社会和企业的呼声，积极参与地方经济建设，为企业提供全方位、高层次的信息服务，就必须优化高校图书馆内部管理，使图书馆能尽快适应企业的信息需求。这就要求高校图书馆能在思想观念、管理制度、人才建设、资源开发等方面下功夫。

1. 更新信息服务观念

观念的更新是一切新的行动得以实现的前提。高校图书馆开展企业信息服务，必须突破一些传统的信息服务观念，树立顺应时代潮流的新观念。

（1）服务时空观念。高校图书馆信息服务范围上应树立为全社会用户服务的观念，不应把服务范围限定在所在高校的师生；在信息服务时间上应树立全天候 24 小时服务的观念。突破时空的全方位信息服务，主要可以通过采用信息技术和网络技术来实现，如通过网络信息服务平台向企业用户提供 24 小时数字化资源服务。

（2）以人为本观念。高校图书馆应改变以前以文献信息为中心的服务观念，践行以人为本的信息服务观念。这种观念要求图书馆关注用户的信息需求，以满足用户的信息需求为己任；维护用户获取信息的权利，保证各类用户都可以无障碍地使用图书馆的信息资源；保守用户使用图书馆信息的秘密，如为企业用户保密。

（3）价值观念。高校图书馆作为信息服务机构，在为企业提供信息服务时，首先必须保持中立、客观的价值取向；其次要树立信息价值观念，为企业提供的信息产品和劳务要能为企业带来价值。

（4）责任观念。高校图书馆要对其为企业提供的信息产品和信息服

务负责。责任观念首先表现在要对企业表达的信息需求认真负责；其次表现在对信息的收集、加工、整理、分析、传递等各个流程负责；最后表现为对向企业提供的错误的、不准确、不全面、不及时的信息产品承担一定的损失责任。

2. 突破管理制度制约

科学、有效、与时俱进的图书馆管理制度是保障高校图书馆事业健康发展的前提，是高校图书馆的办事规程或行为准则。各高校图书馆在制定具体的管理制度时应该考虑企业用户的信息需求，因地制宜地制定一些有关企业信息服务的管理条例，从制度上保障企业用户的权利以及规范图书馆的责任。例如，在文献资源借阅制度中各高校图书馆可以根据自身条件制定出既可以满足本校师生的借阅需要，又可以兼顾企业用户需求的条例；在资源建设方面，可以有针对性地考虑企业信息需求，并按规定添置相关设备和信息资源。在人才引进方面，可以考虑引进那些具有一定专长的、有能力做好企业信息服务的人才；在考评制度设计方面，把企业信息服务的效果纳入年度考评体系指标。

3. 提高馆员服务素养

企业对信息服务的要求通常高于高校师生对图书馆信息服务的要求。高校图书馆要想提供优质的企业信息服务，馆员的信息服务素养是根本。馆员的信息服务素养不仅包括利用信息工具和信息资源的能力，还包括选择、获取、识别信息，加工、处理、传递信息并创造信息的能力。馆员的信息服务素养主要体现在信息服务意识、信息服务知识、信息服务能力、信息服务道德四个方面。长期以来，高校图书馆由于管理体制和进入机制等方面的原因，高校图书馆馆员的信息服务素养整体水平有待提高，为企业提供的信息服务有待完善。高校图书馆开展企业信息服务，必须在提高馆员的信息服务素养方面下功夫。

首先，要提高馆员的信息服务意识。信息服务意识分为信息意识和服务意识两部分。馆员的信息意识主要是指馆员对信息的敏感程度，体现为对信息的理解、感受和评价。馆员的服务意识，主要是指馆员要摆正心态，以谦虚、友善、热情、负责的态度对待企业用户。

其次，要提高馆员的信息服务知识。例如，提高馆员信息技术、信息产权、信息价值等方面的知识。

再次，要提高馆员的信息服务能力。信息服务能力包括对信息系统的操作能力，信息的采集、辨伪、加工、传递和应用能力以及对信息进行评价的能力等。

最后，要提高馆员的信息服务道德。信息服务道德包括在提供信息服务时尊重信息原创者的劳动成果，对提供的信息产品负责到底的态度，为企业信息用户保守信息使用秘密等。

4. 处理好企业信息服务与教学科研服务的关系

高校图书馆面向企业开展信息服务，不能以牺牲高校师生正常的教学科研服务为代价。高校图书馆应结合自身条件，正确处理好为企业提供信息服务与为教学科研服务的关系，在优先保证教学科研服务的前提下开展企业信息服务。高校图书馆正确处理两者的关系可以从以下几个方面入手。

（1）应慎重选择企业信息服务的类型。重点选择那些与图书馆资源开发条件相近、与教学科研服务相关的服务类型。这样图书馆可以兼顾企业和教学科研的信息需求，进而同时提高企业信息服务和教学科研服务的质量和水平。

（2）广泛采用现代化的信息服务方式。图书馆应广泛采用现代化的信息服务方式，避免传统服务方式造成的服务冲突问题，如采用网络信息服务方式，授权企业用户远程利用图书馆的数字化信息资源。

（3）可错开信息服务时间。高校图书馆的教学科研服务具有明显的周期性，如在寒暑假期间，图书馆教学科研服务的任务较少，大量的资源闲置。图书馆可以在寒暑假扩大对企业信息服务的范畴，增加对企业信息服务的力度。

（4）力争做到企业信息服务与教学科研服务的相互促进。高校图书馆可以帮助高校将教学科研成果转化为企业的现实生产力，提高高校科研成果的转化率和企业的生产效率；可以为高校的科研力量拓展企业合作研发项目，提高高校和企业的研发水平；可以帮助高校在企业设立教学科研实践基地，提高高校的教学科研水平；可以帮助企业在高校设立人才培训基地，提高企业员工的理论和业务水平。

（二）正确处理与其他机构的关系

1. 与所在高校的关系

处理好与所在高校的关系是高校图书馆持续开展企业信息服务的前提。高校图书馆开展企业信息服务，首先应处理好与学校领导的关系，并在高校的领导和支持下有计划有目的地开展。没有所在高校的领导和支持，图书馆开展企业信息服务几乎不可能。其次要处理好与所在高校师生的关系。高校图书馆的基本职能是满足高校师生的教学和科研需求。高校图书馆开展企业信息服务，不能以牺牲高校师生的信息服务质量为代价，而应做到既能保障高校师生的信息需求，又能顺利开展企业信息服务，争取在开展企业信息服务的同时提高对高校师生的信息服务水平。

有条件的高校图书馆在开展企业信息服务前应该主动了解高校师生的信息需求状况，并对其开展企业信息服务的能力和资源状况进行评估。评估后征求高校师生的意见，再决定是否开展企业信息服务，怎样开展企业信息服务。在开展了企业信息服务后，高校图书馆应该及时关注和了解师生对图书馆开展企业信息服务的态度和意见，并针对各种意见找到解决办法。

2. 与资源联盟的关系

高校图书馆为了更好地满足用户的信息需求，一般都参与了各类资源联盟，如CALIS项目、各省市的图书馆资源共建共享联盟等。联盟中的图书馆拥有一定的共享资源的权利，并承担相应的义务。图书馆资源联盟首先要处理的是各个成员馆的信任关系，各成员馆的相互信任是节省资源共建共享成本的前提，要想使联盟中的成员相互信任，除了各成员自觉之外，建立一套合理的激励约束机制是关键。处理高校图书馆与资源联盟的关系，还必须处理好联盟成员之间资源的合作和不同格式资源的兼容和整合问题，如馆际互借、联合编目、参考咨询等。

3. 与其他商业信息机构的关系

高校图书馆开展企业信息服务，是高校图书馆走出高校、参与经济建设的一种形式。在开展企业信息服务时与其他商业信息机构的关系主要是一种竞争与合作的关系。

商业信息机构如各类咨询公司通常以营利为目的，为企业提供各类有价值的信息和解决方案，这类机构机制灵活，服务主动，在企业信息服务方面经验丰富，运作成熟。高校图书馆拥有丰富的专业期刊、图书、数据库资源，相比一般的商业信息机构而言，具有其无可比拟的信息资源优势。

高校图书馆开展企业信息服务，与商业信息机构展开竞争的同时，可以选择与一些商业信息服务机构合作，优势互补、利益共享、共同为企业提供优质的信息服务。

4. 与资源产权拥有者的关系

图书馆开展企业信息服务的整个流程，必须遵守有关知识产权的规定，主动维护信息资源产权拥有者的相关权益。在信息资源建设阶段，如建设特色数据时，应注意两类产权问题。一是直接使用原始资源时，应取得原始资源作者的同意、许可，并付费。二是对原始资源进行组织、加工时应注意取得原作者的许可。在提供信息服务，如复制、传递信息时，应尊重资源产权拥有者的相关权益。

（三）面向企业拓展服务

1. 主动了解企业需求

高校图书馆应改变那种坐等企业上门的信息服务方式，主动走向企业，走进企业，了解企业信息需求，研究企业信息需求特点，再结合其自身的信息资源和服务能力，有目的、有选择地为企业提供深层次的信息服务，如为企业技术升级提供智力支持，为企业产品营销出谋划策等。

高校图书馆主动走向企业是其发挥资源优势、扩大企业信息服务范围、提高企业信息服务层次的第一步。高校图书馆走向企业、为企业提供信息服务，可以通过两种方式来达到：一种是主动派员的方式，高校图书馆派出信息服务人员主动上门为企业提供信息服务；另一种是网络推广的方式，高校图书馆利用现代网络技术，通过其构建的信息服务平台向企业推介信息产品和服务项目，也可以借助第三方的力量，如信息中介的力量让企业了解高校图书馆，联系高校图书馆，进而推介信息资源服务。

2. 面向企业宣传推广服务

面向企业宣传推广高校图书馆的信息服务，是让企业了解图书馆、认同图书馆并利用图书馆的有效途径。高校图书馆可以采用多种方式宣传其信息服务，如发布大众媒介广告、派专员推销、参加信息展销等方式。

有条件的高校图书馆可以根据自身的发展状况和企业信息服务的需要设立企业信息服务窗口，该窗口设有相应的企业信息服务人员，配备相关的信息服务资源和设备，并按照相关的管理制度运作。企业信息服务窗口一方面受高校图书馆的领导和监督，另一方面可以采用适当的激励和约束机制，鼓励其主动走向企业，主动参与信息市场的竞争。

为适应网络环境下的企业信息服务工作，高校图书馆还应建立企业信息服务平台向企业推广服务。这样，企业用户可以通过信息服务平台直接享受高校图书馆的各项信息服务。企业信息服务平台应是一个由企业用户信息需求驱动的、智能化的、集成的平台，这个平台建立在高校信息资源和特色资源数据库的基础上，可以为企业提供虚拟参考咨询、企业知识导航、个性化信息定制与推送、在线用户培训、在线互动等服务。

3. 拓展高校图书馆为企业服务的途径

目前高校图书馆向企业提供信息服务采用的主要是以资源为中心的单一的服务途径。这种服务途径更多关注的是信息资源的建设，而较少考虑企业用户现实和潜在的信息需求，是一种典型的低层次的信息服务。

高校图书馆要想开展高水平的企业信息服务，就必须拓展信息服务途径。具体而言，高校图书馆可采用的信息服务途径有以下几种。一是以文献信息资源为中心的开放式途径，就是高校图书馆向企业用户开放其拥有或控制的文献信息资源，企业用户可以按规定借阅、检索或访问图书馆的文献信息资源。二是以企业用户为中心的问题解决途径。这种服务途径关注企业用户的信息需求，以帮助企业用户解决问题为目的，具有很强的针对性，如为企业提供参考咨询、信息培训服务等。三是参与式服务途径，高校图书馆与企业用户共同协作，共建资源，共同分析企业信息需求，并满足企业需求的服务途径。这些服务途径既可以采用传统的一对一的服务方式来实现，也可以借助网络和通信技术来为企业用户服务。

4. 帮助企业提高对信息服务的应用水平

信息服务的过程本质上就是一个信息转移的过程，图书馆与企业之间信息转移的障碍主要有信息本身、企业、图书馆、文化、信任等因素。帮助企业提高其对信息服务的应用水平主要可以通过建立高校图书馆—企业信息联盟的学习型组织来实现。我们可以参照彼得·圣吉创建学习型组织的五项修炼来构建高校图书馆—企业信息联盟的学习型组织，具体内容如下。

（1）建立共同的愿景。愿景是人们为之奋斗并希望达到的图景，是一种意愿的表达，是组织成员希望达到的目标，只有高校图书馆与企业拥有了共同的愿景后，才能建立一种友好的学习型组织。

（2）自我超越。自我超越是组织的精神基础，有利于组织形成一种不满现状、追求新目标的动力。

（3）共享心智模式。健全的心智模式会帮助组织学习，有助于改变不同背景、经验、价值观的人们的固有看法，促使组织成员在合作中不断地接受别人、提高自身。

（4）团队学习。学习是构建学习型组织的关键，良好的、协调一致的学习能激发个人能量，促进团队成员的发展，并进而实现团队的目标。

（5）树立系统思想。树立一种全局的、长远的、多赢的思想，以解决组织短期目标与长期目标、局部学习与全面学习的关系的问题。

5. 以双赢为基础发展长期服务合作关系

企业的信息需求是持续而长久的。高校图书馆拥有比较稳定的服务场所、服务人员和信息资源，具备与企业长期合作的基础。高校图书馆与企业建立长期的合作关系，能为双方带来利益。对图书馆而言，能为其带来比较稳定的信息服务业务，获取信息服务收益；对企业而言，不但能减少其寻找信息服务机构的搜寻成本，而且可以通过协议的形式从图书馆以相对较低的价格获得信息服务，从而节省成本。

长期合作关系是一种资本，图书馆与企业建立长期合作关系的基础是信任。信任按期递进关系可以分为三种类型，分别是合约信任、认知信任和认同信任。高校图书馆与企业建立合作关系，可以先从签订合约开始，建立初步的合约信任关系，再逐渐发展到认知信任和认同信任的程度。有了双方的信任基础，图书馆和企业之间就有了建立长期合作关系的可能，建立长期合作关系后，图书馆应该积极巩固与企业的长期合作关系，如通过各种渠道进行沟通，不断加强与企业的互信，以维持这种长期合作关系。

高校图书馆与企业建立长期合作关系，除了图书馆自身的信息服务能力和信任外，树立以企业用户为中心的服务理念也十分重要。以企业用户为中心的服务理念要求图书馆对其提供的信息产品和服务负责，如果图书馆向企业提供了错误的信息并造成了损失，就应该承担相应的责任。以企业用户为中心的服务理念要求图书馆以为企业创造价值为目标，而不是为完成企业规定的任务为目标。例如，企业向图书馆提出需要某项产品的专利技术资料，图书馆拥有该资料，但是这项技术已经过时，已经被新技术取代；很明显，提供过时的专利技术资料给企业会给企业造成损失，这时图书馆就不应该为其提供过时的技术资料，而应提醒企业采用新技术。

第三章　高校图书馆社会化服务

第一节　高校图书馆社会化服务概述

一、高校图书馆社会化服务的概念

从理论上讲高校图书馆可以向社会开放，但在实际工作中并未真正开展起来。随着市场经济和信息技术的快速发展，越来越多的专家学者关注这个领域的研究，许多高校图书馆也在进行社会化服务工作的探索和尝试，高校图书馆社会化服务模式呈现多维化态势，服务内容不断拓展创新，服务范围不断扩大。

（一）高校图书馆社会化服务的含义

社会主义市场经济的迅猛发展和社会信息化进程的快速推进，使得信息网络化、社会知识化、学习社会化、教育终身化成为现代社会发展的必然趋势，在这样的时代背景驱动下，高校图书馆社会化服务的概念也应运而生。

高校图书馆社会化服务的含义可以理解为高校图书馆根据自身所具备的资源和能力，在保证满足本校师生教学科研等正常需求的前提下，通过传统和网络途径，向广大社会用户敞开高校图书馆的大门，开放高校图书馆的馆藏资源和信息资源，并为社会用户提供高校图书馆力所能及的信息服务，从而主动满足社会用户的信息需求，最终实现高校图书馆的社会价值。

从高校图书馆社会化服务的含义中可以看出，高校图书馆社会化服务首先要为本校师生服务，换言之，高校图书馆要以本校师生为服务主体，以满足本校师生的教学科研等需求为首要任务，如果服务主体偏离，高校图书馆社会化服务就无从谈起。同时高校图书馆的服务对象不能局限在高校范围内，要有为社会读者提供信息服务的意识。此外，高校图书馆要采取多种方式向社会读者开放馆藏资源和信息资源，允许社会读者到馆内查阅图书资料，在无版权争议的情况下允许社会读者通过网络获取所需资源，使高校图书馆的资源得到真正的共享，从而更好地为社会公众服务。

（二）高校图书馆社会化服务的必然性

1. 图书馆社会职能的要求

作为社会公共文化服务体系建设的基础性设施，社会性是图书馆的一般属性，社会教育和传递科学情报是图书馆的重要社会职能。作为我国图书馆重要组成部分的高校图书馆，同样具有社会性。

19 世纪中叶以来，高等教育与经济社会之间的关系越来越密切，并最终在高校形成了“直接为社会服务”的职能。高校图书馆作为高等院校教学、科研的三大支柱之一，担负着为教学、科研提供文献信息保障的重任，是文献收集、管理、服务三位一体的中心，是学校信息化建设的重要组成部分，也是校园文化和社会文化建设的重要基地。

高校图书馆在教育和研究领域中的地位是无可比拟的，它既为所有师生提供最基本的图书馆资源和培训服务，又为学校科学活动，尤其是重点学科和实验室提供科研信息的支持，其信息服务的开展更是引起了广泛的关注。

在网络环境下，由于技术的支持，高校图书馆通过校园网、地区网或行业网联入国际互联网，可以突破时间和空间的限制，与全球信息社会联系起来。适当向社会读者开放，承担更多的社会责任与义务，为社会公众提供服务，传播科学文化知识，对高校图书馆来说是责无旁贷的。

2. 社会发展的需求

第一，从当前文化创新与科技进步的大背景来看，文化科技进步与图书馆事业发展是相辅相成的。信息技术的快速发展，使全球经济增长方式发生了根本性变化，以消耗能源为特征的工业经济形式已经向更高级的、以知识为基础的新型经济形式转变。信息资源的开发利用程度和信息产业的发展水平已成为衡量一个国家国民经济现代化水平和综合国力的重要标志。高等学校作为人才培养和科学研究的重要基地，与产业界协同合作，发挥各自优势，促进技术创新和产业升级，是新形势下的必然选择。创新是国家发展战略的核心，产、学、研合作是服务创新型国家建设的重要举措。高校图书馆因其在信息资源上的优势，成为科技创新公共服务平台必不可少的组成部分。

第二，从地域发展来看，社会信息化和信息社会化的明显趋势已使图书馆面临不进则退的严峻挑战。为社会服务、为地方经济服务已经成为高校图书馆工作的方向和自身发展的需要。高校图书馆逐步向社会开放，这是时代的呼唤，也是历史发展的要求。高校图书馆往往处于地方政治、经济、文化的中心地带和交通枢纽位置，便于当地科技工作者就近查找相关信息，并及时获取有用的文献信息；标志性建筑，功能齐备的服务设施、幽静舒适的阅读环境、地理环境等优势也有利于高校图书馆开展社会服务。因此，高等学校应发挥信息资源共享平台作用，积极参与经济建设，成为高校和社会的桥梁，成为国家和区域发展的先进文化的源泉。

第三，从读者和用户的需求来看，公众文化需求日益高涨，人们对知识信息的需求在数量和质量上都有了更高的要求，这也是高校图书馆向社会开放的动力。利用高校图书馆的先进设备、人员和各种信息资源等有利条件，适当履行公共图书馆的职能，可以极大地满足人们的需求。这比重复建馆更加容易而且可以节省大量的建馆资金。特别是那些高校图书馆和公共图书馆实行资源共享的地区，更能体现效益。这样一来，高校图书馆的读者群体将是社会化的，高校图书馆不仅服务于教师和学生，还面向社会大众，这种信息服务延伸了图书馆的服务职能，体现了信息资源社会性的特点。高校图书馆数字信息具有专业性、系统性、实用性等特点，其质量和档次较高，能够反映出相关专业目前的最高水平和最新发展动态，在数量上也是大多数公共图书馆无法比拟的。各行各业的劳动者都需要不断学习、更新所学的专业知识。高校图书馆所收藏的许多专业文献和各类特色数据库，是社会上的专业技术人员和研究型读者十分需要但很难从当地公共图书馆得到的。

二、高校图书馆社会化服务的内容

高校图书馆的服务内容是围绕学校的教学和科研工作开展的，是为教学科研工作提供所需信息，为学生获取各种知识提供相应的资料。高校图书馆社会化服务的进行，要求高校图书馆服务对象社会化、服务内容社会化、服务功能社会化，具体内容如下。

（一）服务对象社会化

传统高校图书馆的服务对象是本校师生，突出特点是地域性强，仅限于本校，并且文化层次相对固定。封闭的服务对象群和单一的读者结构不利于高校图书馆的建设和发展使高校图书馆的工作缺少竞争性和主动性，为固定的用户群服务的观念根深蒂固，封闭自守、坐等读者上门的现象严重。但社会化服务要求高校图书馆扩展视野，将服务对象扩大到社会成员。高校图书馆社会化服务的开展必将使服务对象由“师生读者”向“社会读者”延伸，使高校图书馆的服务延伸至社会各个角落，这充分地体现出高校图书馆服务对象的社会化。但不同类型、不同层次的用户所需信息资源在专业内容、类型、深度方面都存在很大的差异，这就要求高校图书馆对所服务的社会用户进行分析研究，掌握他们信息需求的特点；同时，根据高校图书馆服务所覆盖地域的范围、人口密度、用户群分布等来确定服务市场规模的大小。高校图书馆社会化服务的基本内容是服务对象社会化，也就是说，服务对象要体现社会化的特点。从服务对象的范围来说，高校图书馆社会化服务对一切读者平等对待，每位读者都有享受服务的权利；从服务对象的所属单位来说，不再局限于本校师生，而可以来自政府部门、城市社区、企事业单位；从服务对象从事的行业来说，可以是涉及人类科学的一切行业。

同时，网络技术的广泛应用，使得高校图书馆开始突破馆舍、地域的限制，跳出固定的服务场所，主动接触社会，摆脱了传统的文献管理模式；在文献信息的采集、加工、组织和服务方面，采用了新的方式，建立了辐射型的开放服务体系，服务对象群体也不断扩大。网络环境下的高校图书馆，社会读者可以通过互联网利用图书馆资源，查询所需的文献，了解这些资源的收藏和分布情况，并接受图书馆的服务。社会读者查阅文献而不必关注文献存放在何处，获取信息而不必关注信息由谁提供。这使高校图书馆的服务对象真正突破了馆舍以及单位、行业和地域的限制，不再局限于本校师生，逐渐向社会读者扩展，高校图书馆的服务对象已超越了传统的读者范畴而具有了十分明显的社会化特征。

（二）服务内容社会化

高校图书馆的首要任务是为本校师生教学和科研服务，高校图书馆的服务内容一般也围绕学校的教学和科研工作开展。例如，为教师的教学提供所需的资料、科研相关的信息；为学生获取各种知识、参加考试、撰写论文等提供相应的资料与辅助。而高校图书馆社会化服务的进行，要求高校图书馆服务的内容也随之社会化。

由于社会读者的工作领域面较宽、专业水平参差不齐、研究方向复杂多样、社会读者之间的素质差别较大等，社会读者的特点体现了图书馆在服务时的难点，并且社会读者人数众多，给高校图书馆的社会化服务增加了困难，也提出了更高的要求。随着服务的开展，社会化服务的程度不断地提高，社会读者的需求会更加深入，而且不同社会读者所需文献信息的内容也不尽相同，高校要了解他们的信息意识、信息接受能力、个性化需求，以便为其提供所需的信息内容。

高校图书馆服务内容社会化体现在其涉及面广，几乎扩展到社会的方方面面。政府在处理政务、服务人民的时候需要掌握全面、正确的信息，以便参考并做出科学的决策；科研部门的工作对社会的发展具有重要的意义，在科研选题、课题研究以及最终结果的分析阶段，收集信息、利用信息对其十分重要；企业新技术发现与应用、新产品的开发与生产、新市场的扩展等更是离不开信息；农业知识的普及、科技的提高以及城乡居民生活娱乐等方面都与信息息息相关。这就为高校图书馆社会化服务提供了广阔的空间，给高校图书馆带来了良好的发展契机。

（三）服务功能社会化

高校图书馆社会化服务要求高校图书馆摆脱其只为本校师生服务的狭隘定位，将高校图书馆的服务功能社会化，即充分利用高校图书馆资源，采用多种方式全方位向地全体的社会成员开放，使其能更好地适应各类社会用户多元化的信息需求，更充分地发挥高校图书馆在社会进步、经济发展以及文化提升等多方面的功能。具体来讲，主要表现在：高校图书馆可以为我国经济的快速发展以及我国参与国际市场竞争提供强有力的信息支撑，为社会的进步做出巨大贡献；高校图书馆可以为和谐社会的构建提供知识、人才等方面的支持，成为和谐社会建设中不可或缺的组成部分；高校图书馆还可以对传承文明、提高全民素质、建设学习型社会等发挥重要的作用，推进社会文明的进步。

（四）实现全民阅读化

2003 年，《全民阅读促进条例》正式纳入国务院 2013 年立法工作计划。这是国家文化建设的一个重要举措，是社会文化生活的一次重要升华。全民阅读工作中需要立法推动解决的主要问题包括：我国国民的平均阅读水平低于世界文化强国水平，需要采取有力的推进保障措施；未成年人阅读状况不容乐观，亟待改善；国民阅读公共资源和设施不足、不均衡；阅读内容良莠不齐，需要积极引导和扶持；全民阅读工作缺乏统一规划、组织保障和经费支持。①

要实现全民阅读，仅仅依靠公共图书馆的力量和资源是无法满足的。高校图书馆藏书体系相对完备，馆藏信息资源丰富，不论是资源总量还是学科类别，都是公共图书不能比拟的。如果将高校图书馆富余的文献信息资源提供给社会公众使用，满足社会公众对各种文献信息资源的需求，将会推动社会文化、教育事业的蓬勃发展，保障社会公众平等、自由利用信息的权利，促进社会公众科学文化素质的提升，带动社会经济文化大发展，从而构建全民阅读的和谐社会。虽然全民阅读梦想的实现还有一定的距离，但从国家对阅读立法可以看出国家对全民阅读的重视程度，这是推动全民阅读行动的一个里程碑，高校图书馆应顺应时代发展，积极探索对社会开放的服务内容和服务途径，助推全民阅读的早日实现。

综上所述，社会主义市场经济的迅猛发展和社会信息化进程的快速推进，使得信息网络化、社会知识化、学习社会化、教育终身化成为现代社会发展的必然趋势。高校图书馆具有丰富的馆藏资源，具备业务能

① 龙斌．高校图书馆社会化服务研究［M］．长春：吉林出版集团股份有限公司，2019：12.

力强的人才队伍，有着良好的文化氛围以及深厚的文化底蕴，应积极参与推动社会发展，根据自身所具备的能力和资源，在保证满足本校的教学和科研服务需求的前提下，采取多种方式为社会用户提供力所能及的信息服务，主动满足社会用户的信息资源需求，承担起高校图书馆应负的社会责任，发挥更大的社会职能，最终实现高校图书馆的社会价值。

第二节　高校图书馆社会化服务模式

一、传统服务模式与数字信息服务模式

（一）传统服务模式

高校图书馆社会化服务中，文献借阅服务是最简单、最直接的服务，并且许多人认为一所高校图书馆能否真正实现社会化服务，主要标志是是否为社会读者提供文献借阅服务。这样的观点，其实是误解了高校图书馆开展社会化服务的初衷，但也从侧面反映了社会人员对与高校师生享有同等权利的传统服务的重视。

文献借阅服务主要是通过向社会读者发放借阅证来实现的，但是各高校图书馆向社会读者提供借阅证的证件类型并不统一，有提供长期借阅证的，也有提供临时借阅证的，而且临时证件的使用期限也不尽相同。高校图书馆为社会人员提供借阅服务是在不影响本校读者的前提下进行的，是否为社会人员提供借阅服务要根据图书馆可容纳的读者数量及其社会化服务能力等条件来决定，因而要适当控制借阅证的发放数量。当然，除了办理有关证件，文献借阅服务还提供临时性的社会服务，即不必办理借阅证件，在社会读者需要的时候，可到馆索取相应的服务。

对社会人员提供文献借阅服务对高校图书馆而言是最为直接的社会化服务模式，但是，要想从真正意义上实现，则需要高校图书馆首先满足本校师生的文献信息需求。满足本校师生的需求以后，若还有能力与空间，高校图书馆便可以提供社会化服务。

馆藏资源多且利用率低的高校图书馆，可以在满足本校师生需求的前提下，为社会读者提供服务；馆藏资源与空间有一定局限性的高校图书馆则可以侧重发放临时阅览证。比如，一些学校根据自己图书馆的馆藏资源特色，把借阅浏览的服务提供给专业对口的研究机构；有的则依据区域来确定的，只对学校周边的居民提供服务。

（二）数字信息服务模式

数字信息服务是指高校图书馆利用数字技术、网络技术实现的信息服务。数字信息服务可以突破时间和空间的限制，为社会读者提供更多灵活、主动的服务。许多高校图书馆都已掌握科技进步带来的优势可以在社会化服务中体现出重要的作用。除此之外，有的高校图书馆把自身组织优势利用起来，整理加工网上随机、分散且毫无秩序可言的信息，进而形成有序、稳定的信息资源导航，将一些领域的最新动态与有关资料提供给社会用户，帮助用户掌握信息。广州大学图书馆在这一点上起到了引领作用，如与政府共同合作，开办政务资讯厅，把丰富的政务信息提供给政府与市民；将一些经贸信息（政策法规、分析报告、投资指南）提供给商家；将周到的办事指南提供给来政府服务中心办事的人员。目前，很多高校图书馆将其数据库资源对社会读者开放。数字信息服务可以使高校图书馆与社会用户、其他图书馆、相关行业之间更加方便地协作与交流，在服务与资源方面能够互通有无，取长补短，真正实现信息资源共享。

随着互联网的普及和信息技术的发展，越来越多的高校图书馆开设了数字资源服务功能，同时，越来越多的社会读者喜爱突破时间与空间限制的网络文献阅读方式。因此，高校图书馆将馆藏文献资源对社会开放，一方面有利于信息资源的流通和社会化服务，通过数字信息的开放，使不同高校图书馆之间的资源实现了共享和互通；另一方面，高校图书馆可以借助网络的便利性获取社会读者的反馈，为高校图书馆进一步完善社会化服务模式奠定基础。但是，由于网络环境的不稳定性，高校图书馆在将数字资源对外开放时，要重点加强保护措施，既要防止病毒的侵入与不法访问，也要对信息资源的版权给予充分的保障，避免版权纠纷问题的产生。

二、无偿服务模式与有偿服务模式

（一）无偿服务模式

国内高校图书馆提供的众多社会化服务模式中，无偿服务是最多的，如为社会读者提供参考咨询服务、主动推送服务、用户培训和教育服务等。这也正是社会读者所期盼的。但是对高校图书馆而言，提供无偿服务并不是很困难，其开展社会化服务的顾虑是，校内读者的信息资源被社会读者占有。

1. 参考咨询服务

参考咨询服务是高校图书馆社会化服务中最普遍的一种服务形式，它基于图书馆丰富的信息资源，以知识渊博的图书馆工作人员为关键，运用先进的网络与计算机设备，为远程的社会用户提供服务。参考咨询服务分为常规咨询和专题咨询两类。常规咨询主要是对社会读者的一般性问题进行解答，让用户可以与咨询人员进行实时咨询。专题咨询是针对专业性较强的问题而开设的，比如，通过对各种类型的馆藏资源的组织加工、深层次挖掘，并辅以网络信息资源，为社会读者提供定题情报跟踪、专题编译等定题服务；还可以根据用户群体的不同需求展开参考咨询服务，如根据农村农民的生产生活需要，提供书目推荐、农业科技技术普及等服务，指导农民及时掌握先进技术，依靠科技兴农，为建设社会主义新农村贡献力量；也可以针对时事政治收集、整理相关信息并以专题报道等形式提供给领导，为领导提供政治发展动态，做好他们的参谋和助手。

2. 主动推送服务

高校图书馆为社会读者开展的主动推送服务是高校图书馆社会化服务中最为灵活的方式。这种服务方式本着主动服务的理念，对社会读者进行分类并预测其需求后对相关资料进行收集、整理，通过网络或邮寄等方式送达社会读者手中。目前，很多高校图书馆开展的送资料到企业、送书到社区、送书进农家书屋等活动，都实现了图书馆与企业、社区等的互利共赢。

3. 用户培训和教育服务

高校图书馆社会化服务的另一个重要内容是用户培训和教育服务。高校图书馆做好校内用户培训与教育之后，在社会用户的培训和教育上便可以发挥更重要的作用。社会用户的培训和教育涵盖面很广，包含信息的收集、预测、分析、评估等，可联合当地的科技管理部门共同举办用户培训和教育，用专题的形式开展，这样既发挥了高校图书馆丰富的资源优势、专业的信息能力，又为社会用户的培训和教育提供了一种方便的渠道。高校图书馆提供用户培训与教育服务，是知识经济时代社会对高校图书馆提出的要求，也是高校图书馆回报社会的有效方式。因此，高校图书馆更应该加强对用户培训与教育服务方面的研究，探寻其最佳途径，为社会经济、科技的发展做出应有的贡献。

（二）有偿服务模式

高校图书馆为社会读者提供的服务内容中，也有经营型的有偿服务模式。长久以来，高校图书馆的有偿服务与无偿服务模式一直备受争议。提倡无偿服务的人们认为，图书馆是公益性服务机构，经费源自纳税人，因此不应收取服务费用。提倡有偿服务的人们认为，读者最基本的需求应免费，像科技查新、文献传递等需求则应该收费，因为这些服务也是有成本的，服务的过程中，服务人员要付出的精力很多，同时如扫描费、复印费、数据库使用费等也都会出现，而对于这些图书馆不应该承担。况且，有偿服务并非只是对社会读者收费，对校内读者亦如此。高校图书馆对社会读者收费的原因还有，图书馆无任何限制与条件地对外开放，会对校内读者使用信息资源造成影响，要用这样的方式限制读者人员总量。高校图书馆社会化服务中，有偿服务模式的主要内容如下。

1.科技查新服务

这项服务是高校图书馆提供社会化服务的主要内容之一，是社会用户相对熟悉的服务项目。随着社会的发展，科技的重要性逐渐突显出来，在科研管理中，科技查新是一项重要程序，在科研立项、成果鉴定上，社会用户需要通过具有查新资质的情报服务机构出具科技查新报告。现在，我国的科技查新机构主要集中在省市级的科技信息研究所及一些高校图书馆。科技查新的性质决定了科技查新对社会用户来说具有被动接受的特性，而高校图书馆人员的专业素质、地理位置、社会影响等都让社会读者乐于接受，因此科技查新服务成为我国高校图书馆开展社会化服务的一项主要内容，也是高校图书馆参与地方情报服务的一种重要形式。在科技查新期间，服务人员会进行大面积的检索和论证工作，同时在线收费的数据库资源也会应用到。在服务中，会产生人力与资金上的成本，而且这并非高校图书馆的基本服务，因此，进行收费也是合情合理的。对于科技查新服务的收费情况，目前社会上也都认可了。

2. 定题跟踪服务

定题跟踪服务也被称为信息增值服务。在最开始的时候，定题跟踪服务是主要的服务形式，是根据读者自身需求，一次性或者定期传送给读者与其需求相符的最新信息的服务模式。对于较为简单的定题服务，高校图书馆是不收取任何费用的。但是，如果将服务的广度及深度的进一步深化，此项服务便升级为知识服务，即通过分析、总结、归纳大量的相关原始资料，为不同用户群体需要处理的问题提供不同的决策意见。由此可以想象此类服务的深度与难度，同时，该服务也不属于高校图书馆基本服务，因此应该理解并接受此项服务的收费情况。

3. 文献传递与馆际互借服务

若是在本馆的读者需要的文献本馆无法提供，那么便可以依据馆际互借制度、办法、协议、收费标准向其他图书馆或单位借入或复制文献来满足读者的需求，这样的方式即为文献传递和馆际互借服务。此服务在高校图书馆还未开放社会服务前就已经形成一定的规模了，对满足读者需求起着极为重要的作用。随着高校图书馆社会化服务的开展，此项服务成了图书馆为社会读者提供服务的重要途径，社会读者可以通过这种服务方式获取自己所需要的信息资源。同时，在文献传递过程中肯定会产生邮寄、打印、扫描、查询费等硬性费用。然而这些费用并不包含在高校图书馆的服务费用当中，所产生的上述费用如果全都由高校图书馆单方面来承担显然是不合理的，原则上应该由申请人承担。在此项服务上，大部分的高校图书馆会根据自身的实际情况相应地给予一定的补贴。

4. 其他的有偿社会化服务

在办理借阅证的时候，高校图书馆会收取费用或者一定的押金，这在高校图书馆社会化服务中是最常见的一种收费服务，同时还存在一些其他的收费服务。高校图书馆对社会读者办理借阅证收取一定费用，有以下三点原因。第一，保证满足本校教师和学生的借阅。随着高校图书馆开放程度越来越大，社会读者对高校图书馆的资源也越来越大，这样就会出现资源缺乏的现象，为了保证本校的教师和学生的借阅需求，对社会读者收取一定的服务费用。第二，社会读者的素质问题。大范围的开放代表了越来越多的社会读者可以参与到高校图书馆的借阅当中，充分利用图书馆的资源提升自身能力。但是，社会读者的素质参差不齐，借阅逾期不还、损坏图书等违规现象时有发生，甚至有的发展到无法掌控的局面，因此高校图书馆会收取一定的押金防止类似事情的发生。换言之，如果想要将此类现象完全杜绝，就需要出具相关的规章制度，对社会读者的借阅行为做出一定的约束，从而更安全地保护高校图书馆珍贵的信息资源，让更多的读者从中获益。第三，高校图书馆的正常运营需要消耗庞大的人力、物力、财力，如信息资源的补充、工作人员的薪资、日常损耗等都离不开经济的保障。为了保证高校图书馆的正常运营，同时可以长时间为社会群众提供借阅服务，对一些服务进行收费也是合乎情理的。除此之外，场地租借、特色展览、视听资源播放、多媒体资源利用等特色服务，也可以根据各高校图书馆自身的现实状况收取一定的费用，抑或不收任何费用，为社会读者提供免费的服务。

三、个性化服务模式

高校图书馆面对的读者类型随着高校图书馆社会化进程的不断推进而发生了重大变化，之前服务的对象主要是本校的教师和学生，现在增加到农村用户、企业用户、政府用户、科研用户、普通用户等多种多样的读者。根据目前这种情况，各高校图书馆把读者进行了分类，然后根据不同类型读者的需要，采取不同的服务模式，即提供个性化服务。

（一）普通用户

退休人员、社会在职人员、中小学生、社区读者等是最主要的普通用户，他们也是社会化服务过程中人数最多的群体。高校图书馆在选择面向普通用户的社会化服务模式时，要全面分析他们的需求，以及他们应用图书馆的目的。这样，高校图书馆的社会化服务才更具有实用性和针对性。其中，中小学生的目的通常是拓宽自身的知识面，因而图书馆会为他们提供科普类资料。在职人员通常处于事业上升阶段，对和自己事业相关的信息比较感兴趣，因而图书馆可以根据这类读者的需求提供财经、法律、管理、技术、时事方面的信息，也可以开展多种类型的专题讲座以提升他们的个人素质。对于退休人员而言，他们主要是为了休闲娱乐，对此，高校图书馆可以举办类似小型音乐会、朗诵会、书评会等相对轻松一些的活动来满足他们的需求。开展这些服务都是具有一定条件限制的，因为高校图书馆大部分在城市内部，开放空间会受到一定的限制。所以，通常高校图书馆采用“走出去”战略，如与社区合作，建立社区图书馆，让社区的读者们在社区内便可借阅文献。例如，常州工学院图书馆社区流动图书馆是常州市天宁区天宁街道与常州工学院图书馆合作建立的，通过开展“心理按摩知识”“科学家教进家庭”讲座及“携手共建和谐社会”等活动，最大限度地将丰富的馆藏资源服务于社会，提高了先进文化的辐射力和影响力，有效地发挥了地方高校服务地方经济文化建设的作用。

（二）科研用户和本校毕业生

科研用户获取最新科研信息的重要渠道之一是高校图书馆的资源。科研用户的外语水平、专业技能、整体素质等均高于普通用户，主要来自其他高校或科研院所，他们的信息需求通常难度较高，而且不局限于某一学科领域，而是关联着多学科多领域。获取信息的时效性、便捷性是科研用户主要看重的地方，因此需求方式具有互动性、自助化、电子化等特点。所以，高校图书馆在向科研用户开展社会化服务的时候，需要构建便捷的信息服务平台，实现数字资源的远程访问、参考咨询的即时回复、专题信息的及时推送。

面向科研用户服务的信息服务平台是指以计算机软硬件系统为依托构建的能够实现科研信息服务相应功能模块的应用型平台。平台中应整合相应的科研资源与服务，让图书馆馆员、用户可以在平台中进行双向互动与沟通。平台应具有一定的扩展性。

（三）政府用户

随着经济、文化的发展，政府机关部门在决策时会遇到越来越多的新问题、新情况，而且这种现象层出不穷。这就要求在决策前进行大量、快捷、准确的信息收集，从而准确洞察和总揽全局，预测并把握信息走势，做出正确决策；决策后，也需要及时、全面地了解和掌握各种信息动态，特别是关乎大局的深层次的情况；关注带有倾向性、苗头性的突发信息，把握时机，及时调整发展计划和发展战略，以利于社会经济的长远发展。决策具有非常重要的作用，它的正确与否直接关系到一项事业的兴衰存亡。因此，高校图书馆提供社会化服务时，政府用户是一种重要的用户类型。

高校图书馆拥有非常广泛的学科资源、相对系统的基础理论研究。高校图书馆还拥有很多专家学者，他们都有着丰富的知识和较高的学术水平，同时具备科学的研究能力和方法。高校图书馆可以利用高校的这种信息资源与人力资源的优势，充分地为政府用户服务。高校图书馆可以为政府部门提供信息服务，帮助政府寻求合理的决策方法，为政府提供有效的信息预测，并能为政府用户进行周密、翔实的决策分析，辅助其做出及时、科学的决策。

（四）企业用户

随着社会经济的不断发展，企业也在逐渐激烈的竞争中想方设法让自己立于不败之地。但我国目前大多数企业中信息的满足率非常低，对市场信息的把握非常有限，对企业的产品在行业中所处地位的信息把握得更是不够，对竞争对手的相关信息也了解甚少。高校图书馆以企业用户为服务对象，这是我国企业发展、经济腾飞的需要，也是高校图书馆在知识经济背景下增强影响力和实现自身价值的需要。

因此，很多高校图书馆面向企业用户开展了相应的信息服务。比如，福州大学图书馆成立信息服务中心，根据企业的需要，开展了有针对性的服务，并深入企业内部，通过各种方式挖掘隐性情报，创建了企业数字资源导航网站，实现了企业资源数字化，深受企业的欢迎，中心业务应接不暇；中国矿业大学图书馆基于行业协会为企业提供相应的信息服务；温州大学图书馆联合公共图书馆为中小企业提供信息服务。这些都是高校图书馆为企业用户提供服务的成功实践。①

第三节　高校图书馆社会化服务对策

一、高校图书馆开展社会化服务的原则

（一）实事求是量力而行

高校图书馆服务社会首先要明确高校图书馆开展社会化服务的目

① 云玉芹．新时代高校图书馆社会化服务与创新［M］．长春：吉林人民出版社，2021：95.

标，以及开展各项工作的计划。各高校图书馆要根据各馆自身实际情况进行，不可一哄而上，为了追逐形式而开展。其中条件具备的高校图书馆可以先行一步，并要争取学校对此项工作的支持。其次要根据自己的馆藏特色和发展方向，从本馆具有的特色服务和优势方面进行，从自身熟悉的业务开始，先易后难，以点带面，逐步稳妥地开展社会化服务，同时还要选定那些有业务专长的馆员组成相应的服务部门，转变原有仅为校内读者服务的部门设置方式，增设信息服务中心、参考咨询部门等。最后还要制定短期、中期、长期规划及发展目标，衔接这些部门与其他部门业务之间的关系，落实各部门的服务内容和每个岗位上馆员的职责，为开展社会化服务打好基础。切实做到实事求是，量力而行。

（二）用户需求为主

高校图书馆对外开放，新的读者群体涌入，新读者学历层次参差不齐，读者服务需求形式多样，因此，高校图书馆提供社会化服务之初，要做好用户需求的调研。明确哪些服务内容用户已经很满意了，哪些服务与用户需求相悖，读者还迫切需要哪些服务，做到有的放矢。还要注意将高校图书馆的优势资源、优势服务与用户需求相结合，形成满足广大读者需要的、具有本馆馆藏信息资源特色的保障体系。

（三）主次兼顾

主次矛盾的原理告诉我们集中力量找出主要矛盾，才能找到解决复杂问题的重点和关键，做到主次兼顾，适当安排。高校图书馆在社会化服务过程中，为本校师生的教学科研服务是主要的，为社会读者服务是次要的。因此，高校图书馆要在满足本校师生需求的基础上，根据本校的特色资源，有计划、有步骤地为社会读者服务。保证本校读者利益，并不意味着要忽略社会读者利益，不能在服务质量、服务态度上有所差异。要尊重社会读者的权益，争取每一位读者的满意，为高校图书馆树立良好的形象。

（四）经济实用

高校图书馆开展社会化服务时，要充分考虑本馆的经济承受能力和服务措施的实用性。经济发达地区的高校图书馆，在开展社会化服务时，可以起点高一些、规模大一些、服务层次深一些。而经济欠发达地区的高校图书馆，在进行社会化服务时，要根据当地的实际情况和本馆的实际情况，先开展一些浅层次、力所能及的文献信息服务，待条件成熟后，再纵向深入开展。此外，在同样的条件下，要考虑投入—产出的最优模式，达到节约开支和服务社会的双重目标。

二、多种方式开展高校图书馆社会化服务

（一）立足本馆馆藏文献资源，开展大众化的信息服务

受采购资金有限以及纸本文献资源价格上涨的双重压力，高校图书馆在采购文献资源时都是围绕本校的教学科研进行的，因此，当开展社会化服务时，本馆的文献资源往往不能很好地满足社会读者多样化、个性化的需求。然而，高校图书馆相比其他类型的图书馆，具有最先进的设备资源和知识丰富、学历水平高的教师资源，高校图书馆可以借此开展更广泛的大众化信息服务，如举办公益讲座、开办学习班或培训班、提供信息咨询服务以及信息检索服务等。开展大众化的信息服务，可以提升公民的文化修养和文明素质，为城市公民精神文明建设做贡献，促进和谐社会的构建。

（二）以资源共享的方式，扩展社会化服务资源总量

资源共享一直是图书馆界倡导和努力的方向，由于我国图书馆在长期发展中形成了条块分割的局面，造成了资源的重复建设，也给读者带

来了不便。近几年，各地高校图书馆打破了校际限制，在资源传递、共享等方面进行了有益的探索，受到了师生的欢迎。事实上，各类图书馆虽然性质不同、资源建设各有侧重，但是其在读者服务上是完全相同的。高校图书馆应同其他图书馆整合资源，建立统一的检索平台，进而整合读者资源，为读者建立统一的身份识别标识，做到无论是哪个馆的读者，凭借统一的身份证明，就可以自由进出各个图书馆的数据库，真正做到一证通行。读者通过简单的注册便能享受到平等的服务，让图书馆以人为本的服务理念在校外读者群体中得到充分体现。

（三）通过远程服务扩展社会化服务外延

目前情况下，高校图书馆完全对外开放，也确实存在一定的困难。高校图书馆首先要为本校师生服务，对外开放意味着校内读者在文献资源、馆舍设施、馆员资源等各个方面都要和校外读者竞争。有竞争，必然有利益冲突。如何在不影响本校读者利益的前提下，开展社会化服务工作，这一问题的困扰是高校图书馆迟迟不能面向社会开放的重要原因。近几年高校连续的扩招，形成了教学资源相对紧张、图书馆馆舍设施供应不足等困境，因此高校图书馆不可能容纳太多的校外读者，而数字图书馆则完全可以避免这方面的困境。高校图书馆以网络为渠道，以现代信息技术为手段，融合本馆的馆藏资源优势，发挥馆员的丰富经验优势，借助远程服务手段，让校外读者随时能够登录图书馆的网站，查阅馆藏资源。此外，高校图书馆也可以提供馆际互借、文献传递和网络咨询等其他远程服务，扩展社会化服务外延。

（四）深入周边社区、村镇，积累社会化服务经验

提高社会公众的科学文化素质是建设和谐社会的关键。高校大多地处人员密集的城市中心，由于城市居民迫切需要提升自我修养，提升工作技能，往往对知识信息需求具有迫切性、多样性等特征。高校图书

馆应深入周边社区、村镇，对读者特征进行深入了解。同时，高校图书馆可以主动到单位、社区、村镇宣传学习文化知识和掌握信息资源的重要意义，介绍自己的馆藏资源，吸收所在社区、村镇的人员到图书馆参观；还可以针对村镇社区居民开展知识讲座，根据读者特性开展阅读辅导。通过小范围的试验，积累社会化服务的经验，在实践中修正社会化服务的整体规划，并逐步推广，扩大社会化服务的空间。

（五）以校地共建模式开展社会化服务

在我国中小城市或者二线城市的高校图书馆自身建设并不先进，存在着资金紧张、馆舍破旧等困难，开展社会化服务力不从心。高校图书馆可以采用校地共建的模式，以地方财政收入为支撑，建立较为先进的新图书馆，同时发挥地方公共图书馆的职能，开展社会化服务，不失为一个很好的选择。高校图书馆可采取校地双方共建的模式，在政府投资的同时，融合地方公共图书馆的资源、设备、馆员和用户群体等，增强高校图书馆的综合实力，在社会化服务时能够发挥出“1+1>2”的效果。

三、高校图书馆开展社会化服务的保障机制

（一）法律法规保障

从法律层面上保障我国高校图书馆社会化服务的权利与义务，保障社会化服务顺利有序地进行，是目前我国图书馆界亟待解决的问题。目前高校图书馆开展社会化服务仅靠一些条例规范作为理论支撑。例如，《高等教育法》第十二条规定：国家鼓励高等学校之间，高等学校与科学研究机构以及企业事业组织之间开展协作，实行优势互补，提高教育资源的使用效益。《普通高等学校图书馆规程》第三十七条规定：图书馆应在保证校内服务和正常工作秩序的前提下，发挥资源和专业服务的优势，开展面向社会用户的服务。

（二）资金保障

1. 寻求政府的支持

高校图书馆开展社会化服务有助于地方文化经济的建设，政府是最大的受益者。因此，地方政府可以将本地区高校图书馆社会化服务项目作为本地区的文化建设项目之一，提供财政拨款支持，具体的拨款金额可以根据高校图书馆社会化服务的实际效果或者工作量来支付成本。当然政府补偿的方式很多，如政策优惠、共建图书馆、政府信息工程项目委托等。例如，成都市温江区将一些公益服务项目面向区内的几所高校进行招标，既发挥了高校资源优势，又节约了公共服务成本。

2. 服务收费

高校图书馆可以将社会化服务中因信息增值而产生的成本向读者收费。目前，我国各类图书馆的收费定价中，有关设备使用的收费，各个地区之间大致相似，但是涉及人力资源成本，各个图书馆间的差异较大。制定合理的价格体系是服务收费获得广大读者认可的关键所在。根据图书馆为读者服务过程中，图书馆需要支付的人力、物力资源的区分，可以将服务收费项目划分为成本补偿性收费（文献传递、文献检索、复印打印等）和信息增值型收费（专题咨询、二次文献三次文献服务等）。补偿性收费不应超越这些资源（人力、物力）的成本，需要把握好这个度，合理的服务收费有可能成为图书馆的创收。信息增值型收费则需要各馆根据实际情况，综合当地经济发展水平，考虑当地市民文化消费水平，制定一个合理的收费标准。

（三）文献信息资源保障

充足的馆藏文献信息资源是高校图书馆进行社会化服务的基础。高校图书馆在采购资源之前，要对校外用户和校内用户的信息需求进行调研，包括阅读喜好、阅读范围、阅读习惯等，这样有助于高校图书馆有针对性地补充相应的资源、采购适当的资源数量。充足的资源储备，不仅可以保障高校师生的使用不受影响，也可以保障社会用户的信息需求得到满足。

通过资源共建共享扩大虚拟馆藏资源范围。早在1999年，全国文献信息资源共建共享协作会议就确立了“资源共享，优势互补，互利互惠，自愿参加”的原则，就建立全国文献信息资源共建共享协作网络达成了共识，签署了《全国文献信息资源共建共享倡议书》和《全国图书馆馆际互借公约》。《全国文献信息资源共建共享倡议书》向全国图书情报单位倡议，建立以国家级文献信息资源网络为主导，地区级文献信息资源网络为基础的全国图书馆文献信息资源共建共享网络。

CALIS（高等教育文献保障系统）是教育部“九五”“十五”和“三期”“211工程”中投资建设的面向所有高校图书馆的公共服务基础设施，通过构建基于互联网的“共建共享”云服务平台——中国高等教育数字图书馆、制定图书馆协同工作的相关技术标准和协作工作流程、培训图书馆专业馆员、为各成员馆提供各类应用系统等，支撑着高校成员馆间的“文献、数据、设备、软件、知识、人员”等多层次共享，已成为高校图书馆基础业务不可或缺的公共服务基础平台，并担负着促进高校图书馆整体发展的重任。

此外，还有很多区域性的文献资源共建贡献的体系，如HALIS（河南省高等教育文献保障体系），在CALIS管理中心的帮助与支持下，依托“CALIS联机编目数据库”，整合了9所高校图书馆的书目数据，构建了《河南省高校联合书目数据库》，为书目数据共享，开展馆际互借，实现资源共享奠定了基础，等等[①]。

① 王槐深，白广思．区域高等教育文献信息资源整合的原则与策略：以HALIS建设与发展为例[J]．河南科技，2009（9）：10-11.

（四）人员保障

图书馆的服务归根结底是人员的服务，高校图书馆开展社会化服务，因其用户需求的多样化，在馆员队伍建设上，除了提高本馆馆员的素质，还可以征集读者志愿者参与服务。在日本等高校图书馆社会服务较发达国家，高校图书馆的社会服务工作基本上都由具有较高职业素质的馆员完成，在英国甚至有专门的部门负责这项工作，但在我国，大多高校图书馆社会服务工作没有明确的分工与定位，也没有专职的社会服务图书馆员或部门。所以，高校图书馆可以成立专门的社会化服务部门，聘用知识面较广的馆员作为社会化服务的专职馆员。为了缓解服务人员的压力，也可以邀请志愿者加入。

志愿者除了本校师生，也可以邀请部分校外读者加入志愿者行列，对他们进行简单的培训，如本馆借阅规则、如何查找图书资源等。这样一方面可以缓解图书馆馆员紧张的局面；另一方面可以使读者更深入、全面地了解图书馆工作流程，更好地宣传和利用图书馆。

第四章　高校图书馆学科化服务

第一节　高校图书馆学科化服务认识

一、学科馆员的内涵及其职责

（一）学科馆员的内涵

设立以学科为对象的高级对口馆员进行专门化、深层次服务，最早开始于美国的研究型大学图书馆。随后，在加拿大、德国等国的一些研究型大学图书馆也推行了学科化服务模式，受到了教师和学生的广泛好评。研究型大学与一般综合性大学不同，它办学的侧重点是造就高水平、高层次的创新型科研人才。此外，研究型大学的教师都是国内外某些学科的尖端人才，担负着国内和国际的重大科研任务，图书馆作为他们主要的信息资源获取和保障系统，也肩负着很重的辅助任务。在信息泛滥和信息源多样化的今天，高校图书馆要想转变服务方式，就要有针对性地为教学、科研提供高质量的信息服务，为用户展示图书馆的软实力，积极主动地为用户提供集成了图书馆软硬件的高智力的跟踪服务。当前，许多高校图书馆都积极实施面向用户的、以学科为对象的信息服务模式——学科馆员制。

所谓学科馆员，就是以学科用户为对象，凭借较专深的对口专业背景知识和图书情报知识及专业文献信息服务，为用户提供主动的、有目标的、个性化的高级学科化知识服务的图书馆馆员，是图书馆与学科或院系之间密切联系的“纽带”和“桥梁”。学科馆员是高校图书馆的高级专业技术人才，是某个学科专业的文献信息专家，是高校图书馆中从事学科化知识服务岗位的高级服务人员。

（二）学科馆员的工作职责

学科馆员是掌握一门或几门专业学科知识，并精通图书馆情报知识，能为相应学科、相关读者提供深层次的有针对性服务的图书馆馆员。美国康奈尔大学图书馆把学科馆员的职责鲜明地概括为 CRIO，这四个字母所代表的具体含义如下。

Collection（C）——馆藏建设：学科馆员负责学科馆藏建设。学科馆员每年有专项资源和采购经费，可在这一学科的资金范围内决定应该购买的书籍和期刊。因此，学科馆员需要了解馆藏学科资源的分布、院系以及学科用户的文献需求、本学科学术发展趋势。学科馆员与院系教师及书商经常来往，也与图书馆采编部门有着密切的业务联系。

Reference（R）——参考咨询：学科馆员要负责参考咨询服务，特别是相关学科专业深层次的咨询，咨询方式有当面咨询、电话咨询、E-mail 咨询、实时咨询等。读者在提交在线咨询和日常咨询时，专业性较强、难以处理的问题都由对口的学科馆员来处理。

Instruction（I）——教育培训：学科馆员要承担相关学科的教学和培训任务。除开设文献检索课之外，学科馆员还要配合教学，教学课程有时需要学科馆员发言、参与；学科馆员会根据文献资源的需求来制定课程内容，帮助学生掌握进行学科研究需要的信息资源。学科馆员还会开设讲座，讲授实用软件的使用方法；开展馆舍参观、图书馆讲座等活动，向读者讲解图书馆资源与服务的细则，以及电子资源的使用方法等，这些都是学科馆员对读者进行教育培训的基本方法。

Outreach（O）——院系联络：学科馆员主动与用户接触，把资源和服务送出去，而不是被动等待读者上门求助；在线上、线下均与用户保持联络。

学科馆员工作的具体内容包括：挖掘网络资源知识；熟悉对口学科专业的文献资料；参与馆藏发展计划制定和实施；对国内外相关电子资源进行搜集、挖掘、分析与评价，并主动向用户推荐；及时向用户推送学科资源；为自己联系的学科专业用户进行用户教育培训；运用自身的学科专业知识，深入用户的科研项目跟踪用户需求，及时提供服务；构建用户利用学科化服务的信息环境，使图书馆服务融入用户整个服务过程；及时将用户对图书馆的建议和意见向有关部门汇报，以促进高校图书馆资源建设和提高服务质量等。

二、高校图书馆学科化服务概述

（一）高校图书馆学科化服务的概念

高校图书馆学科化服务是指高校图书馆根据不同学科领域的需求，将馆藏资源、服务模式、人员组织、技术手段等进行有机整合和优化，为用户提供专业化、精细化、深度化的服务。学科化服务是高校图书馆信息化服务的深化和拓展，旨在满足不同学科领域用户的信息需求，提升高校图书馆的学科服务水平和竞争力。

高校图书馆学科化服务的核心在于馆藏资源的学科化管理。馆藏资源是高校图书馆服务的基础，只有建立了学科化的馆藏资源体系，才能更好地满足不同学科领域用户的信息需求。高校图书馆应该根据学科特点和用户需求，加强馆藏资源的选择、建设和管理，形成多层次、多类型、多领域的馆藏资源体系，提高馆藏资源的质量和数量。

服务内容方面，高校图书馆学科化服务的服务内容主要包括各类学科信息资源的开发和管理、信息检索与传递、学科信息教育与培训、学科信息咨询和服务等。在学科信息资源的开发和管理方面，高校图书馆需要对各个学科领域的相关资源进行搜集、整合、分类、存储，以提供更全面、精准的学科信息服务。在信息检索与传递方面，高校图书馆需要为用户提供多种检索方式和途径，如在线数据库检索、文献传递等，以满足用户不同的信息检索需求。此外，高校图书馆还可以通过组织学科信息教育和培训，提高用户的信息素养和科研水平；提供学科信息咨询和服务，为用户解决学科信息获取和利用中的问题，从而更好地服务于学科研究和学术创新。

（二）高校图书馆学科化服务的特点

高校图书馆学科化服务和传统服务相比有很大的不同，其特点主要体现在以下几个方面。

1. 高校图书馆学科化服务是主动式的服务

高校图书馆学科化服务通过主动与用户进行持续有效的沟通与交流，建立起畅通的信息需求与供应渠道，主动提高自身的信息服务能力，将用户感兴趣的信息提供给用户，帮助用户提高工作效率。

2. 高校图书馆学科化服务是一种动态式的服务

高校图书馆学科化服务是一种交互式服务，以用户需求为中心，它根据不同的分布式的动态资源，将服务渗透于用户解决问题的整个过程，而并不基于固有资源或系统。

3. 高校图书馆学科化服务是个性化的服务

高校图书馆学科化服务是一种因人而异的信息服务，其面向课题研究项目组、研究人员，是以用户为中心的个性化服务。

4. 高校图书馆学科化服务是增值服务

高校图书馆学科化服务是一种高知识含量的服务，体现了工作人员的创新性工作，能够带来增值。高校图书馆学科化服务的重点在于依据用户需要，开发出新的具有独特价值的知识产品，帮助用户解决问题或者为用户的问题提供解答。

（三）高校图书馆学科化服务的形式

1. 面向科研的服务

学科化服务在为科研活动服务时要面向科研的整个过程，针对科研活动不同阶段的不同要求提供有针对性的服务，使学科化服务与科研活动紧密结合起来。以学科化服务对科研项目的辅助为例，在立项阶段，学科馆员要为项目小组搜集相关研究资料，调查以往的研究理论与实践，为项目小组列出研究的意义以及研究进展；在项目进行的过程中，学科馆员要跟踪项目组的研究进展，为他们提供数据支持并准备下一阶段研究所需的资料；在项目接近尾声的时候，进行查新服务，为项目做引证分析，预测其市场竞争力。具体的服务内容包括：用户资源整合、跟踪服务、信息推送、专题信息提供、个别用户培训、学科情报研究等。

2. 直接参与教学活动，提供直接的学科化服务

学科馆员要更新自己的知识结构，掌握对口学科的最新动态，了解对口学科专业教师与学生的学科信息需求，就必须直接参与教学活动，这样才能更好地与师生沟通，进行需求分析，提前、主动掌握学科化信息需求，帮助他们解决在平时的研究活动中遇到的问题。首先，作为高校图书馆中高端人才的学科馆员可以为学生讲授文献检索课程，这不仅

能够丰富其他专业的教学体系，而且也是高校图书馆进行大学生信息素质教育的重要途径。通过这些课程来强化大学生的信息意识，提高他们查找信息的能力，增强高校学生的信息素养。其次，高校图书馆文献资源中有大量的就业信息，学科馆员应积极开展各类就业信息知识教育、就业资料分析教育、择业信息学习方法教育等，为临近毕业的学生开设就业信息指导课程。高校图书馆对大学生就业信息指导具有社会上其他各类信息服务机构所没有的公益性优势。再次，与有关学科的任课教师合作，具体地参与教学活动和课堂讨论，如为对口专业的学生列出学习参考书和学习方法，为写论文的学生提供文献信息查找方面的指导，提供所研究课题的研究热点等。除此之外，还可以为改善教学方法与学习方法提供相应的建议，培养学生的学习技能，将新的技术和新的研究成果引入教学活动之中。

（四）高校图书馆学科化服务的内容

1. 开展多种形式的咨询服务

图书馆学科化服务的主要承担者是学科馆员。因此，学科馆员要开展多种形式的咨询服务。咨询的形式包括：当面咨询、电话咨询、表单咨询、电子邮件咨询和实时咨询等。

随着校园网条件的改善和网上电子资源数量的急剧增加，校内读者更多地采用电子邮件、网络表单来进行咨询，因而必须在图书馆的主页上建立虚拟参考咨询台（包括常见问题解答、表单咨询、实时咨询等），强化网络环境下参考咨询服务手段。有条件的高校图书馆还应积极参与CALIS的联合虚拟参考咨询项目。[①]

① 胡福孝．读者需求变化与图书馆学科化服务 [J]. 钦州学院学报，2007，22（6）：114-116.

2. 联系对口院系，并提供有针对性的综合信息服务

与对口院系教师建立固定联系是学科馆员开展各种服务的基础，学科馆员要和院系建立广泛的联系、更多地关注院系的学术活动和科研动态、了解学科建设与发展规划、加强与院系科研科所等办公室的沟通、走访学术带头人等，这是学科馆员的工作重点，也是学科馆员应多花费精力的地方。在加强联系的基础上，还要为对口院系提供有针对性的全面信息服务，具体的内容包括：将图书馆的最新动态和情况及时通知给对口院系的教职工；针对用户的不同需求，提供明确、具体、有效的服务；明确工作重心，为重点学科和重点实验室提供全方位的服务。

3. 宣传图书馆资源与服务

学科馆员要对图书馆信息资源的特点、使用方法等进行宣传和推广。在未来图书馆的服务中，学科化服务必将成为一种招牌服务，所以学科馆员在为用户服务的同时，要积极主动地推广自己的服务，宣传图书馆的学科化服务系统，让更多的用户了解学科化服务，进而利用学科化服务为他们的科研教学提供帮助，这样在高校才能树立起学科馆员的品牌，让学科用户逐渐形成利用学科化服务的意识，在他们进行教学与科研的时候能第一时间想到学科化服务。加强对外宣传图书馆的馆藏资源、电子资源、信息工具的力度，培养用户对信息资源全方位的把握，帮助他们全面提高对资源的选择和利用。此外，高校图书馆可以在自己的学科化服务门户网站上及时更新图书馆处理、挖掘的各种信息资源，或者展示在协助用户的过程中取得的各种学科信息研究成果，或请对口专业的科研人员在网上发布他们利用学科化服务取得的帮助以及对图书馆的建议、反馈等，让更多的用户更直观地看见学科化服务的优越性和可利用性。除了积极宣传图书馆学科化服务，学科馆员还要与学科用户保持经常性的联系，主动与用户进行沟通与交流，使用户与图书馆之间

建立起畅通的信息需求与供应渠道，提高图书馆的学科化信息服务能力及工作效率。

此外，在引进电子资源之前要尽可能地进行充分的测试和评估，在引进以后，为每个数据库建立专门的引导页面，充分了解数据库的特征和用户反馈的意见，并将使用过程中发现的问题与不足之处通知数据库生产商，督促他们改进。在正式引进后，学科馆员要负责编写数据库的操作指南、网上解答用户咨询、跟踪数据库的变动、进行用户培训等。

4. 参与多层次的读者教育活动

学科化服务涉及的读者教育包括：馆舍参观讲解、新生入学教育、学分课程教学、专题讲座、编写读者指南、开设“新生专栏”网页，电子资源专题培训等。形成培训的常规化、系列化、品牌化。

5. 学科网络资源导航

学科网络资源导航的目的是通过汇集网络信息资源，为重点学科的师生提供快捷方便的网络学术资源咨询服务。学科馆员要负责建立“学科信息服务网页”，方便师生利用这个学科的信息资源，同时要负责“学科信息资源门户”中相关资源的描述、快速检索与整理等。无论学科还是站点都要注重质量，精心维护，建立收集元数据、系统结构的标准，争取得到对口院系的关注与建议，提供更深层次的服务，建立更广泛的联系。

6. 个性化服务

针对用户个性化的需求，将与用户相关的各种可用载体的资源进行整理、分析与评价，帮助学科用户提高对所占有资源的完整把握和有效把握。不定期地对各种资源进行使用技巧的培训，并在网上长期提供相关信息，对重点服务的用户实施跟踪服务，为其量身定制新书通报、文献题录信息以及研究方向的新闻聚合、热点问题的采集分类等服务。

（五）高校图书馆学科化服务的运行机制

1. 馆际协作

在信息爆炸的今天，高校图书馆普遍意识到馆际协作、资源共享的重要性，只有通过协作来加强高校重点资源建设与优势服务整合，才不会造成人力、物力的浪费，才能更好地为学科资源用户群体提供优质的服务。在一定的地区范围内，按照学科专业或特色馆藏体系建立分布合理、保障有效的学科化服务体系可以使各馆的技术优势、资源优势、人员优势得到更好的发挥和调配。

2. 高校图书馆与学术机构的协作

高校图书馆与学术机构（学院、研究所、科研处等）的协作主要有两种方式：一种是学科馆员经常地、主动地与对口学科的学科带头人、科研项目负责人联系沟通，了解他们最需要文献信息资源，了解他们在信息检索方式以及大型数据库选择上的偏好；另一种方式是高校图书馆与学术机构建立互相依赖的资源建设协作关系，由于当前学科馆员与科研用户之间的联系主要面向特定业务或项目，他们之间是相对独立的合作关系，与学术机构建立资源建设协作关系，可以使学科馆员与科研用户建立紧密的科研伙伴关系，彼此互相渗透、互相依赖，从而更顺利地搜集与学科有关的信息资源。

3. 图书馆内部业务协作

学科化服务面向特定学科领域和研究课题，需要主动了解教师、科研人员的学科需求，并根据他们的需求来协调学科资源的采集、组织、加工、挖掘、评价等活动，提供主动的个性化学科服务。学科馆员在与学科用户密切沟通后，为学科用户定制特定的资源采购计划、用户协调机制、数据库培训方案、用户培训活动以及知识管理活动等，所有与学科化服务有关的内容都要纳入高校图书馆的日常管理与工作流程中，这就需要高校图书馆内部进行业务的沟通与协作，将学科化服务摆在重要的位置，各部门积极主动地配合学科馆员开展学科化服务工作，使学科馆员和科研用户都能在高校图书馆的信息环境中得到健康快速的发展。

（六）高校图书馆学科化服务的意义

学科化服务是图书馆发展到一定阶段的必然产物，是一种面向用户的创新型主动式信息服务和个性化的集成信息服务，也是管理上的一种创新行为。高校图书馆通过学科馆员的工作可以更好地融入教学、科研以及行政管理的各项活动，加速了信息资源的传递与流通，成为一种深受用户欢迎、具有广阔发展前景的新型信息服务模式。从学科馆员的管理实践来看，一流的图书馆必须有一流的信息服务，一流的信息服务必须要有完善的学科馆员机制来保障。建立学科馆员制度、提供学科化服务，是高校图书馆业务发展的一种趋势，是高校图书馆服务工作适应信息化、满足用户对深化服务和创新服务需求的必然选择，具有极其重要的意义。

1. 学科化服务是高校图书馆社会价值的体现

图书馆价值一般是指图书馆的社会价值，即图书馆为满足用户信息需求而做的种种努力和贡献。高校图书馆的社会价值是在了解并分析用户信息需求的行为模式进而评估自身的实力并有针对性地提出、实施服务方案的过程中得到实现和深化的。

学科化服务对高校图书馆而言是一种更具主动性的服务模式。如果说以往的图书馆服务将图书馆的社会价值的实现拘泥于物理空间或者小范围内的虚拟空间的话，学科服务则让图书馆跨越时空限制，在利用自身资源和服务优势构建起来的无形的信息网络中实现自身的价值，而且这一过程带有很强的“主动出击”色彩，让图书馆社会价值在纵向和横向两个维度同时发展、延伸。对高校图书馆而言，在信息技术零壁垒、网络信息泛化的时代，以一种更为专业、主动而深入的精神证明自身的社会价值成为必然的选择，而高校图书馆的社会价值也在分析、整理、推送、融入等步骤中逐渐得到彰显和深化。

2. 学科化服务是高校图书馆自我价值的实现

图书馆价值除了指一般意义上的图书馆社会价值，还包括图书馆通过从外界“获取”一定的资源和能量来满足自身可持续发展的自我价值，此时图书馆处于价值主体的位置。而作为一个有机整体，高校图书馆是一类特殊的价值主体，其具备一定的整体理性思维能力，对自身的发展前景、现实需求具备一定的理性思考能力和主观愿望，可以对自身发展状况、所处地位和所需资源等进行评估和规划，从外界（价值客体）获取相应的资源和能量，进而满足自身的发展需求。例如，高校图书馆通过培训提高馆员的专业素养，通过评估用户需求丰富馆藏规模、更新图书馆软硬件设备，通过预算申请更多的政府拨款等，都属于通过“获取”的方式来“满足”自身的发展需求和愿望。但高校图书馆并非单纯为了满足自己的主观愿望而实现自我价值，其自我价值的满足必然是为了更好地实现自身的社会价值，以系统有效的体制、资金和资源的保障为发展的后盾。

3. 学科化服务是高校图书馆为学科建设提供的最具有针对性的信息服务

学科建设必须要有完备的信息资源支持，否则学科建设就成为空中楼阁，提高教学质量与科研水平就成为一句空话。当然，虽然高校图书馆原有的信息资源与服务在一定程度上也能够为教学科研提供基本的信息服务，但这些资源与服务面向全校师生，没有进行专业的区分，专业人员特别是教师、研究生的深层次服务得不到满足。学科服务的信息资源建设与服务由于服务的内容范围广、针对的服务对象范围广，在有限的人力与资金的条件下，学科信息资源建设可能比较薄弱，不能针对高端用户提供对口的专业信息服务，这时只有开展学科化服务，才能为他们提供针对性的信息服务。

4. 学科化服务是网络时代开展知识服务的有效途径

网络时代信息量迅猛增长，传统服务中以文献为单元进行检索与获取，产生的冗余信息极大地降低了用户的使用效率，而与此同时，以知识为单元的信息检索与传递使用户获得了前所未有的满足，它不仅帮助用户减少了信息过滤的时间，还可以使用户直接获取知识。无疑，知识服务将是网络时代信息服务的发展趋势，而开展学科化服务正是开展知识服务的有效途径，如学科导航、学科知识门户建设等服务。

第二节　高校图书馆学科化服务模式

一、基于服务形式的学科化服务

（一）学科知识库服务

学科知识库主要以特定学科专题领域内有经验的专家、纸质文献、数据库数据和互联网上的资料为知识来源，以知识单元为基础存储对象，利用计算机来表达、存储和管理特定领域的知识，并利用知识来解决该领域的问题。学科知识库以知识处理为基础的知识应用系统，它向用户直接提供他们所需的特定知识，以节省用户的大量时间，提高知识的针对性和利用率。学科专题知识库的建立可以使知识有序化，促进学科知识的共享与交流，有利于实现知识使用者之间的沟通与协作，可帮助高校图书馆实现对用户知识的有效管理，有助于传统的被动服务向网络化、个性化、自助式的服务方式过渡，从而实现向以用户为中心的、满足用户知识需求的服务模式转变。

（二）学科知识推送服务

学科知识推送是个性化信息服务的一种主要形式。它是根据用户的学科分类，按用户提供的检索条件，利用信息推送技术把信息自动送到用户面前，也可以推荐用户感兴趣的信息，其实质是一种“信息找人”的服务模式。符合高校用户信息需求变化的个性化服务，需要根据用户的知识结构、信息需求、行为方式和心理倾向等，有的放矢地为具体用户创造信息服务环境，为其提供定向化的预定信息与服务，并帮助用户建立个人信息系统，这是一种个性化、人本化、主动性的服务方式，其目的是在图书馆已购数字资源的基础上，根据用户的专业特征和研究兴趣向用户提供和推荐教学科研所需的资料和信息，为用户提供实时咨询服务。从高校图书馆馆藏资源及经加工的网络知识库中，为他们搜索、整理有针对性的文献，利用虚拟参考咨询平台的电子邮件、电子表单、IM 即时通信工具以及其他一些 Web2.0 的网络技术工具开展实时或非实时的信息推送服务。把有利于相关学科发展的，最新颖、最前沿、最有针对性的信息推送给每个学科带头人，并定期更新相关的信息内容。

（三）学科信息导航服务

学科信息导航服务就是根据重点学科用户的信息需求，以学科为主题，由学科馆员将互联网上相应的资源加以搜集、分类、描述、组织和有序化，建立全方位、多层次、有序化的学科信息导航系统，将该系统的链接放到高校图书馆网站主页上，使重点学科用户能在网上迅速找到自己想要的文献信息。学科信息导航系统收集的信息主要包括国内外各种学术信息、科研动态信息和综述信息，信息主要来源于专业的网站，报纸以及被 SCI、EI 收录的核心期刊。

目前，国内外有许多高校图书馆将网络信息资源进行选择、整理、组织而为用户提供网络学科导航服务。网络学科导航服务主要有三种形式：学科信息资源动态报道、学科常用资源导航和专业学科资源导航数据库。其中，学科信息资源动态报道是推荐性的导航服务，它不仅可以对报道的内容提供链接，还可以加上文字宣传介绍。学科常用资源导航，选择的资源类型通常有国内外重要网络搜索引擎、学术期刊导航、大型图书馆网站、学术机构站点。专业学科资源导航数据库，是较深层次的对学科化资源进行搜索与有序化组织的信息产品，它将收集到的专业数据库分类组织链接，组成多层次的目录型指示数据库。很多大型学科导航数据库会配置检索引擎，输入检索词或检索式后便会获取与之相匹配的检索结果的查询方式。

全方位的学科信息资源导航，既强调导航库类型的多样化和内容的实用性，如导航库包括重点学科导航、学科信息门户导航等实用信息导航；也强调学科导航服务方式的集成化和个性化，如服务方式包括自由定制分类、定制关键词、收藏记录、保存检索历史、保存检索策略、添加资源评论等。以重点学科导航库为例，在定位上以重点学科为信息搜集对象，以重点学科相关带头人、研究者需求为基本出发点，在提供的信息内容上包括国内外学术动态、知识要闻、会议资料等，信息形式包括学位论文、电子期刊、工具书、经典专著等。

（四）学科信息门户服务

学科信息门户是近年来伴随着因特网的发展而出现的一种学科化服务模式。门户是通过统一检索、数据收割、推送服务等技术手段，将分布在不同信息源的内容整合在一起集中提供给用户的网络服务。学科信息门户致力将特定学科领域的信息资源、工具与服务集成到一个整体中，按学科、专业分类，将学科的各类资源进行分类、归纳、有序化与优化，提供全面的学科资源信息。简单来说，学科信息门户是用户访问某学科资源与服务的通道，它是一种网络服务，它为用户提供一个方便的信息检索和服务的入口，使用户能够通过这样一个平台全面了解有关学科的信息，掌握学科研究趋势与动态。同时，它也是联系学科馆员与用户的桥梁。用户通过此平台享受学科化信息服务，学科馆员使用该平台为用户提供服务。

作为信息服务平台，它利用各种先进信息技术手段和方法将海量的信息资源组织成一个相对集中的方便用户利用的信息系统，有效解决了用户对学术信息资源的需求问题，提高了他们的资源查找和利用效率，满足了用户科研和教育等方面的信息需求。它是网络指南、学科导航、信息资源指引库的进一步发展。

二、基于组织方式的学科化服务

（一）学科分馆服务

目前，欧美许多高校都按学科建立分院，每个分院又组建学科图书馆，以支持特色资源建设和学科个性化需求。在这里，学科分馆是以学科为单元的。分馆主页上建立学科链接，把图书馆内外的学科资源进行组织、有序化，建立目录式资源体系，为用户提供学科资源导引和学科导航系统。学科分馆的设置使各分馆拥有相对固定的读者群，具有以下优势：馆员对读者的资源需求和使用倾向有一个准确的把握，为购置优质文献、发挥资金的最大效益提供了参考依据；各种类别的馆藏文献资源按学科专业集中，便于读者查找、阅览和利用；便于馆员、读者的沟通，也便于馆员、读者对馆藏的了解，从而有利于馆员了解本学科历史、现状和发展，对该专业教学、科研进行整体把握，也便于馆员参加专业学术会议，获得会议文件等各种灰色文献资源；学科分馆向全体师生开放，方便读者，有利于提高信息资源的利用率。

“学科分馆——学科馆员”组合模式下学科馆员的工作职责如下。

第一，定期收集、整理、分析本学科不同层次读者的需求信息，及时了解对口院系课程设置和学科建设情况，为科学、合理地购置书刊、电子资源、数据库提供一手参考信息；还负责在互联网上对该学科资源进行搜集、整理、链接，以目录形式展示在该学科分馆的电脑终端主页上，并定期维护、更新。

第二，与对口院系保持联系，了解、掌握院系教学、科研的开展情况和进展。根据教师的备课需求和学生的学习需求，及时提供信息资源的介绍、辅导和帮助。在此基础上，追踪学科重点科研课题，通过不同渠道，查找各种有价值的信息，并加以综合分析，获取最新、最有价值的资源信息，并通过 E-mail 等方式提供给科研人员。

第三，疏通双向交流通道。设立并公布学科馆员信箱以及电子邮箱，提供服务热线，通过与读者的沟通和交流，聆听读者的意见和建议，解答对口专业读者提出的各种问题。

第四，建设优质的学科文献数据库。获取各种公开出版的优质专业报刊、其他报刊中的专业文献、有学术价值的内部学科文献，或对潜在的原始信息进行深度加工和提取，把隐含在原始文献的有价值的观点、方法、数据、事实、结论摘录整理出来；或采用鉴定性的方式，对每种信息进行研究、鉴别、筛选、评价；或摘取语句段落，或截取信息单元，或通篇录用，制成有特色、优质的学科资源数据库。

（二）协同式学科化服务

学科化服务属于知识创新的深层次服务，它具有高度的复杂性、多元性和不确定性。单独依靠学科馆员或某一图书馆做好学科服务十分困难，因此在学科化服务过程中引人协同机制势在必行。

协同式学科化服务是指为了提高学科服务的质量与水平，学科馆员与其他人员（包括其他馆员、用户代表、馆外协作成员等）通过互动、合作、整合等方式，进行多层次、多形式、多渠道、多方位的协作，以高校图书馆学科用户细分为前提，以学科知识信息的搜集、整理、组织、分析和重组为基础，以学科馆员与其他人员的显性知识和隐性知识为保障，根据用户的具体问题和学科环境，直接参与为用户解决问题的过程中，提供能够支持知识应用和知识创新的深层次服务。

目前，协同式学科化服务总体可分为馆内协作型和馆外协作型，具体包括以下几种。

1. 学科馆员团队内部协作

学科馆员团队内部协作，是协同式学科化服务的主要方式。只有实施学科化服务的主体学科馆员之间做好了协同，才有可能与其他相关成员做好协同。在知识管理环境下，如何挖掘和利用知识人才的隐性知识是管理的重点，而团队是提供隐性知识积累、共享、创新环境的有效形式，随着信息环境的复杂化及用户对专业化服务要求的不断提高，学科化服务必须依靠集体的智慧提高服务创新能力进而形成规模化整体效应。学科馆员团队应该是由一定数量的、专业互补的、富有创新精神的、愿意为共同目标而相互协作的高素质图书馆专业人员组成的。

2. 学科馆员与其他馆员协作

学科馆员制度需要整个高校图书馆而不是由几个特定的学科馆员来执行，学科馆员的服务水平受制于全体的服务水平，因此要成功实施学科化服务必须建立纵向管理与横向合作密切结合的矩阵管理模式，使团队合作和经营性的跨部门协作能够无障碍地进行。同时，高校图书馆要努力营造学科化服务的整体氛围，组建一支以学科馆员为核心、其他部门（包括科技查新、馆际互借、资源整合、宣传推广等各个部门）馆员参与的支撑团队，由学科馆员与支撑团队相互协作，共同构成广义的学科化服务群体，提供联合服务支持。在学科网页制作、学科平台构建与维护方面，学科馆员要与技术部馆员配合完成；在学科资源采选方面，学科馆员要与采编部馆员配合完成；在学科化服务宣传推广方面，学科馆员要与办公室相关人员配合完成。例如，上海交通大学图书馆构建了“学科馆员—咨询馆员—馆员”的服务梯队，同济大学图书馆构建了“学科馆员—咨询馆员—辅助人员”的服务梯队。

3. 学科馆员与用户代表协作

用户在整个学科化服务中占据了十分重要的位置，具有巨大的挖掘潜力，学科馆员应与用户进行多层次的创新合作，通过整合用户群体中的各种资源提高学科化服务水平。然而，用户是一个庞大的群体，学科馆员不可能与所有用户进行沟通互动，为此必须加强与用户代表的协作互动，这里所指的用户代表主要是教师代表和学生代表。在与教师代表协作方面，主要是指学科馆员与教师在学科资源建设、信息素养教育、学术研究、学术资源系统开发、参考咨询服务等多方面展开协作，如上海交通大学图书馆推出的特色科研信息专员培训服务等。在与学生代表协作方面，主要采用学科馆员—学生顾问制度的协作服务，即设置学生顾问，使之及时反映所在院系师生的信息需求，协助学科馆员在所在院系开展讲座培训、参考咨询、需求调研等学科化服务，如清华大学图书馆、厦门大学图书馆等设置的学生顾问制度。

4. 学科化服务馆际协作

学科化服务馆际协作是高校图书馆根据本馆实际情况和学科化服务需求，按所属系统或所在地区自愿组成图书馆联合体，统一协调、统筹规划，以联合服务平台为依托，资源（学科文献、学科馆员）共建共享，开展学科化联合服务。目前，高校图书馆已经开展的馆际互借、文献传递、协作式数字参考咨询等都为学科化服务馆际协作奠定了基础，在某种程度上可以认为是学科化服务馆际协作的雏形。各高校图书馆之间还可以在学科化服务的组织管理、活动策划、宣传手段、工作思路等多方面形成互动，并通过打造学科化服务联盟形成多方互动。这种联盟一般由一个或多个图书馆发起，通过联合本地高校图书馆或公共图书馆建立起学科化服务联合体，在学科信息资源的共建共享、学科馆员的共享、学科化服务平台的共建共享等方面进行协同。

（三）团队式服务

随着信息环境发展的复杂化以及用户对专业化服务要求的不断提高，单个馆员独立式工作已很难满足用户系统的深层次的需求，这就有必要组建由多种类型人员组成的工作团队，分别负责学科联络、知识组织、情报研究、个性化服务等任务，在协同工作的基础上，提供系统化、深层次的学科化服务，这便是团队式服务模式。

团队式服务模式特别适合为协作式科研提供服务。在网络环境下，虚拟项目组、基于网络的开放研究群体等被人们广泛接受，它们具有学科领域广泛、研究群体动态变化等特点。因此，根据项目需求，从不同地区、不同学科领域动态抽取学科馆员组成服务团队将更具可行性。在这种需求驱动下，学科馆员团队将会从单一图书馆内部的协作走向与馆外的分布式网络协作。目前，主要有以下几种团队式服务。

1. 固定型团队模式

固定型团队模式由几个学科化服务人员组成固定的服务团队，每个学科团队服务于一个或多个学科院系，学科团队由学科馆员、咨询馆员、辅助馆员组成。固定型团队模式的特点在于：采取学科馆员负责制，赋予学科馆员更多的职权，在工作中可以提高学科馆员的管理能力。同时，不要求学科馆员具备所有的能力，团队成员之间可以进行互补，如学科馆员更强调组织领导能力、咨询馆员更加强调专业知识能力、辅助馆员可能更善于沟通与宣传。固定型团队模式典型的成功案例有上海交通大学图书馆。上海交通大学图书馆读者服务总部按大学科划分为理学部、工学部、文学部三大学部，每个学部下再按一级学科细分为若干个固定学科团队，每个团队平均由 1 名学科馆员、2 名咨询馆员和若干辅助馆员组成。

2. 互补型团队模式

由于固定型团队也可能出现人手不够或学科交叉的情况，因而互补型团队模式在固定学科化服务团队的基础上，由 2 ～ 3 个固定型学科团队之间小范围协调，将学科化服务人员按特长进行分工，确定职责，根据各人所长来开展服务，如团队中可以培养学科馆藏资源建设专家、信息素养培训专家等。这种模式的特点是分工较科学、合理，不追求全能型馆员，力求最大限度达到馆员能力的共享。也有图书馆在不同部门之间组建互补型团队，如来自读者服务部门和采访编目部门的馆员就可以采取合作协同的方式，发挥各自的特长，同时弥补了人力的不足。

3. 可塑型团队模式

可塑型团队模式设首席学科馆员，以全局工作为重点，对以学科馆员为首的固定型团队灵活重组，以适应任务的需要，可以说是以任务为中心的协作模式。可塑型团队也是在固定型团队的基础上进行协调，但不同于互补型团队的是可塑型团队是对所有学科化服务人员进行灵活组配。此种模式的特点在于可全方位涉及学科化服务的各种内容，从宣传沟通、素养教育、资源保障到深层情报研究服务，采用这种模式组建的团队，其学科化服务的成功实施，关键在于高校图书馆组织机构与运行机制的保障。采取此模式的如武汉大学图书馆，它将学科团队划分为社会科学、人文科学、理学、工学、信息科学、医学六个学科工作组，下设小组长，每组 5 ～ 6 人，小组成员由来自不同部门的各分馆学科馆员、信息服务中心人员及院系资料室人员组成。

4. 拓展型团队模式

拓展型团队模式与个体模式中的院系协助型相似，团队模式组建也可获得院系的支持，特别是科研团队的支持，因此，此种模式也可称为“嵌入型团队模式”。例如，上海交通大学图书馆实行的信息专员制度，它由各院系不同科研团队委派 1 人参加图书馆的高级培训，考核通过后聘任其为学科化服务团队的信息专员。信息专员的职责是做好所在科研团队的学科化服务工作，并接受学科团队的考核和指导。这种模式的特点是学科化服务团队和院系科研团队联系紧密，有利于将学科化服务嵌入科研，但对信息专员的培训、管理与考核制度还需完善。中国人民大学图书馆也采取类似的模式，每个学科团队设学科联系人，院系设院系联系人，院系联系人通常由教学秘书或科研秘书担任。

三、基于服务内容的学科化服务

（一）学科资源建设

高质量的学科文献信息资源是学科建设和教学科研的保障，是高校图书馆开展高校学科化服务的基础。文献信息资源建设的核心是对学科信息资源内容的选择和评价，传统文献类型资源建设的模式难以达到学科资源建设知识化、专业化的要求，按学科专业组织资源建设工作的学科化是大势所趋。

高校图书馆学科资源建设是资源建设工作按学科专业来划分的模式。从学科馆员在资源建设中的角色表现与参与方式来看，目前国内外高校图书馆学科化资源建设可分为三种。

1. 传递式

学科馆员负责学科联络和读者资源需求信息的收集，并将读者需求信息传递到采访部门。学科馆员在资源建设中主要起联络、传递的作用。目前，国内多数高校图书馆属于这一类型。

2. 介入式

除传递院系读者需求外，学科馆员还参与部分类型文献资源的采选工作，有相应资源的部分采选决策权。例如，清华大学图书馆学科馆员负责外文纸本图书的采选。

3. 主导式

主导式即由学科馆员主导对口学科的资源建设工作，全面承担学科资源建设的统筹责任，多数还承担资源遴选工作。美国大学图书馆基本属于这种类型，我国港台地区一些图书馆的做法类似，如香港大学图书馆的馆藏发展部由学科馆员组成，负责对口学科的资源采选。

从上述内容可以看出，学科馆员主导的学科资源建设是高校图书馆学科资源建设的发展趋势。为了保障学科资源建设的科学性和满足率，促进学科资源建设与学科化服务的有机融合，高校图书馆在以学科馆员为主导的学科资源建设中，还需重点明确学科馆员、采访馆员和院系读者三方的协作关系、角色定位及各自发挥的作用，以形成主次有序、协同运作的建设格局。

（二）信息素养教育

信息素养教育服务包括信息素养课程设计、参与课堂教学等。提供信息素养教育是学科馆员很重要的一项工作。学科馆员经常到院系中去，主动与教师联系，探讨如何将信息素养教育结合到专业课程之中。

有的学科馆员还与专业课教师共同设计课程，探讨如何将信息素养教育融入专业课程的教学过程。参与学科教学逐渐成为高校图书馆学科馆员主要职责之一。

目前，美国、澳大利亚、英国等高校图书馆已经走在信息素养教育的前列，许多高校不仅把信息素养教育纳入正式的教学课程，还积极与教师探索基于学科专业课程的信息素养教育模式，逐渐向学科信息素养整合教育的方向发展。学科信息素养整合教育是指以学生为中心，通过学科教师与图书馆员的合作，将信息素养贯穿学科课程的全过程（包括内容、结构和结论），使学习者在教师与图书馆员创设的情境、协作与会话等学习环境中充分发挥自身的主动性和积极性，对当前所学的知识进行意义构建，运用其所学解决实际问题的教育模式。在这种模式中，学生是知识的主动建构者和运用者，教师和图书馆员则是教学过程的指导者与组织者、意义建构的促进者和帮助者。信息所携带的知识不再是教师传授的内容，而是学生主动构建意义的对象。

通过这种教育模式，学生既可以获得专业知识，又可以获取终身学习的能力和技巧。其方式有两种：一种由馆员培训教师信息技能，然后由教师将这些知识有机地融入课程，让学生在学习专业课程的同时提高信息素质。另一种由馆员和教师共同讲授相关的知识，但有所分工，馆员侧重介绍基本的信息检索、利用和评价技能，教师则主要介绍与学科研究紧密相关的研究方法和研究技能。这种合作式信息素养教育实际上就是嵌入式信息素养教育，学科馆员通过和专业教师的协同合作，将信息素养教育内容嵌入学生学习和研究的过程。

（三）参考咨询服务

参考咨询服务是高校图书馆工作中一项十分重要的工作，是在数字化、网络化的信息大环境下，以丰富的馆藏资源和网络资源为依托，针对网络用户的需要，由具备一定专业知识的图书馆工作人员将馆藏资源和网络资源进行收集、整理与加工，并通过在线问答、E-mail 等形式反馈给用户的服务机制。

在网络技术与信息科学飞速发展和数字化信息资源与日俱增的今天，参考咨询服务的咨询环境、咨询模式和咨询工具等都发生了巨大的变化，高校图书馆接受咨询问题与解答咨询问题的方式从面对面的传统咨询方式扩展到网络咨询服务。有别于传统参考咨询的“一对一”服务，网络咨询服务能够为用户提供有价值的实效性、针对性强的图书馆参考咨询服务。于是实时咨询、在线咨询、可视咨询、互动咨询等方式纷纷涌现，为用户提供了网络时代实时、高效、便捷的服务。其中，合作参考咨询的出现大大提高了咨询服务的质量，对传统参考咨询服务而言是一个质的飞跃。

合作参考咨询服务是由多个图书馆或情报咨询机构建立协作关系，充分利用各自的信息资源特色和人才优势为用户提供的全天候的数字参考咨询服务。其优势在于：它不仅能够改善图书馆专业咨询人员不足的情况，而且可以把学科馆员从烦琐的咨询服务中解脱出来；这种虚拟参考咨询服务不受时间、空间限制，具有实时性、开放性、广泛性和公益性，能够使读者及时得到自己想要的答案；它能按照统一的标准为用户提供咨询服务，减少咨询答案不完整、不统一、出错的现象。目前，我国已初步建立了几个合作参考咨询系统，主要包括网上联合知识导航站、全国图书馆参考咨询联盟和 CALIS 分布式联合虚拟参考咨询系统（CVRS）等。

数字图书馆的虚拟参考咨询服务突破了传统参考咨询服务时间和空间的限制，用户可在任何时间、任何地点获取信息，是一种灵活的个性化的信息服务和信息获取方式。该服务实现了用户与学科、专家知识连接，具有交互式、问答式、灵活性等特点。

第五章　高校图书馆多元化服务模式

第一节　高校图书馆多元化服务模式的概述

一、高校图书馆多元化服务模式概念及定位

（一）高校图书馆多元化服务模式概念

高校图书馆多元化服务模式是指利用各种手段和资源，满足不同用户群体的需求，提供多样化、个性化的服务。传统的图书馆服务模式注重收集、保存、管理、传播信息资源，强调服务的标准化和普遍性。而多元化服务模式则注重用户需求的多样性和个性化，提供个性化、差异化的服务，以满足不同用户的需求。

多元化服务模式的实现需要图书馆积极开发新的服务方式，包括数字资源的建设、开放式图书馆的建设、社交媒体的运用等。同时，多元化服务模式也需要图书馆加强对用户需求的研究和分析，以提供更符合用户需求的服务。

总之，高校图书馆多元化服务模式的目标是提供全方位、多元化的服务，从而更好地服务于广大用户，满足他们不同层次、不同领域的需求。

（二）高校图书馆多元化服务模式定位

服务定位是多元化服务模式的基础，其目的是适应不同用户的需求。高校图书馆需要根据用户的不同需求和学科特点进行服务定位，为用户提供量身定制的服务。

1. 用户群体定位

高校图书馆多元化服务模式的定位需要考虑到不同用户群体的需求，针对不同的用户群体提供不同的服务。例如，针对本科生和研究生，高校图书馆可以提供不同的服务，以满足不同阶段用户的需求；对于研究人员和教师，高校图书馆可以提供专业化的学术服务和资源支持，满足其学术研究和教学需要。

2. 服务形式定位

高校图书馆多元化服务模式的定位需要考虑到不同服务形式的需求，通过提供不同的服务形式满足用户的不同需求。例如，高校图书馆可以提供远程服务、现场服务、在线服务等不同的服务形式，以便用户随时随地获取所需的信息资源。

3. 服务质量定位

高校图书馆多元化服务模式的定位需要考虑到用户对服务质量的需求，通过提供高质量的服务满足用户的不同需求。高校图书馆需要建立完善的服务评估机制，定期评估服务质量，并通过不断改进服务流程和提升服务水平，提高服务质量和用户满意度。

二、高校图书馆多元化服务模式的内容及方式

（一）高校图书馆多元化服务模式的内容

多元化服务模式需要提供多样化的服务内容，以满足用户多样化的需求。高校图书馆可以提供多种服务内容，通过多元化的服务内容，满足不同用户的需求，提高用户满意度和使用率。高校图书馆多元化服务模式的内容包括以下几点。

1. 学科研究服务

针对学者、研究人员等专业人士，提供学科研究的资源支持、学术咨询、学术出版支持、数据分析等服务。

2. 学术出版服务

提供学术论文评审、学术出版等服务，支持学者和研究人员进行学术交流和学术成果发表。

3. 教育培训服务

提供培训、研讨会、工作室等形式的教育培训服务，帮助用户掌握信息素养和科学研究方法，提升其学术水平和实践能力。

4. 学习共享服务

提供学习空间、学习工具、学习资源等学习共享服务，支持用户进行个人学习和团体学习。

5. 社区服务

提供交流共享、在线问答等社区服务，帮助用户进行知识共享和信

息交流，促进学术合作和学术交流。

6. 创新创业服务

提供知识产权保护、技术转移、创业孵化等服务，帮助用户进行创新和创业，促进知识产权的保护和技术的转移。

（二）高校图书馆多元化服务模式的方式

多元化服务模式需要采用多种服务方式，以满足不同用户的需求和使用习惯。高校图书馆可以通过多种方式提供服务，如在线咨询、远程服务、课程培训、定制化服务等。采用多种服务方式，方便用户随时随地获取所需服务，提高服务效率和便利性。

1. 在线咨询

通过在线聊天、邮件、电话等方式为用户提供及时的学术咨询和解答问题的服务。这种方式具有便捷快速、省时省力、覆盖面广的特点，可以为用户提供及时的解答和指导。

2. 远程服务

通过网络和远程技术手段，为用户提供远程访问、文献传递、在线阅读等服务。这种方式可以让用户在不受时间和空间限制的情况下获取所需服务，方便快捷。

3. 课程培训

通过组织学术培训、科研方法培训、文献检索技能培训等活动，提高用户的学术素养和信息素养，提升用户获取信息的能力。这种方式可以促使用户拓宽知识面，提升自身竞争力。

4. 定制化服务

根据用户的具体需求和要求，为用户提供个性化、专门化的服务。这种方式可以让用户得到量身定制的服务，提高用户的满意度和忠诚度。

第二节　高校图书馆知识服务模式

高校图书馆服务不同于公共图书馆服务，主要由于高校图书馆读者主要集中于专家与学者、教师、学生三个服务群体，这三个主要的服务群体因其研究、教学、学习的性质不同，从事的专业特点不同，高校图书馆在提供服务时不能局限于传统文献服务，而要根据服务对象的不同需求，为他们分别提供个性化强、专业层次分明的文献与信息服务——知识服务。笔者针对高校图书馆服务的特殊要求，尝试性地提出以高校图书馆原有服务模式为基础构建知识服务模式。

一、高校图书馆知识服务模式内容之一：建立知识地图

“知识地图”一词由英国情报学家 B.C. 布鲁克斯在其经典著作《情报学的基础》中提出，他认为情报科学的真正任务是组织、加工和整理客观知识，绘制以各个知识单元为节点的知识地图，一旦这种“知识地图”相对稳定，便进而形成人类的体外大脑。布鲁克斯提出的“知识地图”以知识网络的形式来说明知识单元的发展与变化，从而明确学科知识的发展与变化。

基于布鲁克斯提出的“知识地图”理念，结合高校图书馆现有知识资源，笔者认为构建高校图书馆知识服务模式内容之一为建立知识地图，改变高校图书馆原有检索方式，为高校图书馆读者提供非线性化、

个性化的检索服务。

高校图书馆知识地图是利用现代化信息技术制作的，能有效组织图书馆知识资源的总目录及揭示各知识资源目录之间关系的综合体。知识地图的实现包括两方面：一是图书馆知识资源总目录的建立。图书馆知识资源总目录根据图书馆知识资源的组成建立，它有别于传统的图书馆典藏目录，必须加入图书馆隐性知识资源。二是描述知识资源总目录内知识资源因素间的有机联系，如内部资源与外部资源、传统载体与现代载体、人与文献、馆员与读者、图书馆与馆员间的多种联系。

知识地图以知识网络化的形式说明高校图书馆知识资源中各知识单元的发展与变化情况，进而通过各知识单元的发展与变化反映某一学科研究领域的发展与变化。构建知识地图是高校图书馆向读者提供新型服务方式的基础：读者在进行检索时，只要以某一知识节点为入口进行检索，都可以任意地、非线性地、交互地、灵活地改变检索途径，实现由线性化文献检索向非线性化知识检索的转变，为读者提供了一种快捷的、简明的、个性化检索服务方式。

知识地图有别于图书馆传统信息资源指示地图（即资源导航图或学科导航图）。图书馆传统的资源指示地图只提供图书馆显性知识资源的存储方位，即向读者提供文献数据库。读者只有通过利用文献数据库，并根据自身有限的检索知识，才能从所提供的数据库中查找所需文献，这不仅忽略了图书馆隐性知识资源的存储、开发与利用，而且也浪费了读者大量的时间与精力；知识地图的产生是图书馆传统的资源指示地图的高级演化，它是在标明图书馆显性知识资源存储情况的基础之上，更加明确隐性知识资源的存储方位。在这张新型的地图上，可以更清楚地看到图书馆自身、图书馆馆员所蕴含的知识，如知识地图可提供不同图书馆馆员的检索专长和馆员具有的其他学科门类专业知识，读者可与某一馆员进行相关专业的信息检索等方面问题的探讨，进而要求馆员为其提供翔实的、个性化的、“点”对“点”的知识服务；知识地图可提供各类知识的存储地点、存储媒介、使用渠道与范围等多种知识资源；知识地图可揭示存储于不同地点、不同介质的各类知识资源之间的联系，更有效地帮助读者获取、掌握知识；知识地图可更明确地提供馆藏特色资源与图书馆特色服务。利用这张地图可以充分挖掘高校图书馆与图书馆馆员的显性知识与隐性知识的价值，将图书馆知识资源与读者需求进行有机结合，实现图书馆为读者提供更人性化、专业化的服务。

二、高校图书馆知识服务模式内容之二：开展读者个性化知识服务

知识服务有别于传统信息服务的特点之一，就是更加强调图书馆应为不同需求的读者开展个性化服务。对高校图书馆而言，由于高校图书馆读者的学历层次、专业背景差异性较大，不同读者的需求存在较大差异，因此高校图书馆必须将读者个性化服务作为构建知识服务模式的重点内容。

个性化服务是图书馆在与读者的交互过程中，收集读者的兴趣、专业特长、信息需求等信息，根据收集的读者信息为读者传递所需信息和服务的过程。个性化知识服务是个性化服务与知识服务的有机结合，个性化知识服务是高校图书馆开展知识服务的内容之一，个性化知识服务是高校图书馆以对原有信息或知识进行搜集、组织、分析、重组后形成的知识为基础，根据读者的问题和环境，融入读者解决问题的过程，提供有助于读者个人的、有效力的支持知识应用和知识创新的服务。因此，在高校图书馆开展个性化知识服务就是通过图书馆的服务满足不同读者在特定时期所需要的特定信息或知识的服务，能够有效支持读者个人的知识应用和知识创新。

（一）为学科带头人、专家与学者提供具有学术研究价值的前瞻性知识服务

知名学者与专家、学科带头人是高校各学科或专业发展的领军人，

他们长期的工作内容与学习收获是对其研究与关注的学科或专业的集中化成果性反映，且他们的研究与工作对学科与专业的发展具有极为重要的指引性作用和研究参考作用。知名学者与专家、学科带头人对高校图书馆的服务需求主要集中体现在研究型用户的需求层面，即研究型用户是知识需求的主体，需要掌握反映当代学术水平的最新知识、信息，需要反映国内外有关课题的历史状况、当前水平和未来发展趋势等综合性知识，他们需要的不是一个个信息片段，而是精炼、浓缩的系统化知识，在不同的研究阶段需要不断地获取与课题有关的大量、系统的知识及实验数据。因此高校图书馆为知名学者与专家、学科带头人提供个性化知识服务极为重要。

利用知识组织环节建设专家系统数据库，为知名学者与专家、学科带头人提供具有学术研究价值和前瞻性研究服务。专家系统数据库是以知名学者与专家、学科带头人的研究成果，如论文、著作、模型等为资源基础，利用知识挖掘、整理等技术，实现知识单元之间的链接，从而揭示各知识单元的内容，服务于知名学者与专家、学科带头人。在建设与利用该数据库的过程中，高校图书馆应根据本校知名学者与专家、学科带头人的数量，以及本馆馆员的知识服务素养和能力，酌情为知名学者与专家、学科带头人配备学科馆员；条件较好的高校图书馆，可以为每一名学者与专家、学科带头人配备一名学科馆员，这样可以使馆员长期保持同知名学者与专家、学科带头人之间的联系，有助于他们彼此间交流顺畅。在彼此间相互联系的过程中，馆员可以向学者与专家、学科带头人提出要求，将他们在工作、学习过程中产生的科研成果、学习心得、学习或工作日记等信息或知识贡献给专家系统，馆员以这些资源为基础，利用他们对信息、知识的搜集与整合能力，继续扩大专家系统的资源储备，也就是一方面继续搜索与这些学者与专家、学科带头人的科研成果相关的被引文献；另一方面搜集引用这些学者与专家、学科带头人科研成果的相关文献。通过综合上述三类信息或知识资源，将其利用计算机手段进行挖掘与整理，实现各信息、知识的知识单元的链接，揭示某一学科或专业的知识内容，为知名学者与专家、学科带头人提供他们所从事的专业或学科的科学研究信息。

专家系统数据库绝不仅是单一的知识或信息检索数据库，它还应包括图书馆馆员为知名学者、专家、学科带头人提供服务的过程与内容，即高校图书馆员通过面对面式的或网络式的交流方式，与学者、专家、学科带头人进行沟通交流，了解学者、专家；学科带头人对他们将要开展的工作或科研所需信息、知识的要求，馆员应深入某一学科，配合学者、专家、学科带头人，从他们要从事的某一项工作的筹备到结束或课题立项到成果鉴定，提供全程定期跟踪服务，对全文数据库进行智能类聚和链接，提供专业细化、面向课题的个性化专题服务。此外，馆员还要为知名学者、专家、学科带头人提供他们研究或工作领域最新的研究动态、当前以及将来的研究热点，预测学科的发展方向，提供学科研究的核心信息源。通过搜集、挖掘、整理、提供、利用这一系列的知识服务，为知名学者与专家、学科带头人提供满足他们需要的对其工作与研究具有支持作用的知识或信息；同时，馆员也应在上述服务完成的某一阶段或全程服务完成后，将该服务过程中涉及的文献、信息或知识进行整理、组合，利用计算机技术将这些资源传输到专家数据库中，既完善了知名学者、专家、学科带头人的工作与科研成果资源，又使该学科或专业的研究得以深入。

（二）建立学科导航系统，为高校教师提供定题个性化知识服务

高校教师是高校图书馆读者服务群体的重要组成部分，高校教师不仅承担大量教学工作，还要从事一定数量的科研工作。高校教师要在有限的时间内优质完成上述两方面工作，就需要经常利用高校图书馆提供的文献、信息与知识资源，及时追踪所授专业或学科的发展动向，掌握

先进的理论，实现为广大学生“传道—授业—解惑”与自身业务能力提高的双重目标。为辅助高校教师提高他们的教学水平与科研能力，高校图书馆责无旁贷地要为高校教师从事教学与科研工作提供充足的教学、科研信息或知识，提供满足高校教师高等教育教学任务与科学研究所需的知识服务。

高校图书馆员可通过与教师的联系，根据教师每次提出的服务要求，结合图书馆馆藏资源，创造性地动态地搜集、选择、分析、利用各种知识，创造性地设计、组织、安排和协调有关服务工作，提供相应服务，如建立学科导航系统，该系统包括：一批反映该学科专业的国内外信息资源的统一资源定位系统；一批原始信息，包括访问频率较高的原始信息资源的镜像、自建的信息资源等；一套方便组织信息、知识资源和用户查询的支持技术（检索软件）。通过建设与使用学科导航系统，馆员可以根据教师的不同需求，有针对性地为教师的教学、科研或自学检索与搜集信息或知识，并利用馆员自身具备的知识服务素养与技能将搜集到的信息或知识分类整理后提供给教师，实现教师知识能力的提高。

（三）根据大学生不同学习阶段的要求，实施分层个性化服务

21世纪高等教育具有个性化教育特征，特别是高等教育改革逐渐深入的今天，本科生、硕士和博士研究生在高校学习阶段逐渐由统一化学习（即统一的教学计划、统一的教学目标、统一的教材、统一的学习进度）转变为学生可以在低年级阶段统一学习基础课程，随着学习能力的提高，学生再选择具体的学科专业方向继续深造，完成高年级或高学历层次课程教育。因此，在这种具有个性化的高等教育学习模式下，学生的学习目的发生了根本性的转变，学生可以按照自己的理想完成学业，从而推动自身发展。因此，高校图书馆在开展个性化知识服务时应根据高校学生不同学习阶段的教学要求为学生提供不同层次的知识服务。

1. 为本科生提供有助于其学习能力培养与提高的学习型知识服务

新型的教育模式造就了新的教育群体，当代高校本科生一直是高校图书馆服务的重要对象之一，为满足学生的个性化学习需求，培养大学生独立的学习能力，高校图书馆在为学生提供文献信息服务的基础上，根据不同学生不同的学习需求，利用互联网为学生提供个性化的知识服务。例如，高校图书馆在学生撰写专业论文或进行专业课题设计时为学生提供定题化或定项化的知识服务。学生将所需信息或知识利用BBS、E-mail等网络技术发给高校图书馆，高校图书馆馆员根据学生需求，为其搜集、整理资料，回复给学生，与学生进行交流。高校图书馆馆员每一次为学生提供新知识的同时，也在运用自身掌握的有关该问题的隐性知识为学生挖掘与整合新的知识，为其提供知识服务，从而使每一次知识交流成为上一次知识交流的上升，实现高校图书馆为在校本科生提供学习型知识服务目的。

2. 为硕士、博士研究生提供有助于开拓其科研能力与水平的研究型知识服务

由于高等教育层次多样，从本科生到硕士研究生再到博士研究生，不同教育阶段对学生有不同的教育目的。硕士研究生与博士研究生阶段，不再以学习理论知识为主要学习目的，而是以探究某学科或专业的发展、创造某一科研课题的社会价值为学习目的。因此，高校图书馆为在校硕士与博士提供服务的深度与广度不同于为本科生提供的服务，体现在为硕士与博士的科学研究、学术论文撰写等方面信息与知识资源的深度挖掘、整合，为硕士与博士提供专业知识或学科知识增值与创新支持服务。

例如，不同专业与学科、不同研究专题的硕士与博士研究生在其专业研究领域里有着不同的思维方式、不同的个性差异，从而导致他们对

信息获取方式、需求载体也各有偏好。因此，高校图书馆应根据他们的需求提供重点服务，加强图书馆与他们之间的交流和联系，跟踪研究他们利用图书馆服务的某些规律、行为特征以及隐含的要求，为他们提供个性化定制服务，让他们方便地搜集各种资源，图书馆新到资源及时通知他们，使他们人人拥有自己定制的网页，通过这种个性化页面，使他们获得需要的个性化信息。

同时，多数高校图书馆已建立博士、硕士学位论文数据库，如北京大学图书馆论文数据库服务、清华大学图书馆论文数据库服务。高校图书馆通过收集这些文献将他们进行有序整理，提供不同检索策略的检索系统，这也从一个方面为硕士与博士研究生提供了知识服务。

三、高校图书馆知识服务模式内容之三：开辟高校读者与馆员交流平台

高校图书馆构建知识服务模式，除了开发利用馆藏文献、信息与知识资源外，还应挖掘与利用不为读者和馆员重视的“人”的显性知识和隐性知识资源，利用这类知识资源，为读者提供知识服务；较为有效的实现方式是开辟读者与馆员的交流空间，建立图书馆馆员与读者之间的知识交流平台，供读者和馆员自由交流。这个平台主要包括：馆员与读者 BBS 论坛、馆员 Blog 网络交流空间、读者知识库。

（一）馆员与读者 BBS 论坛

官员与读者 BBS 论坛旨在为读者和馆员之间就某一学科或专业知识的查询、利用等问题提供答疑、解惑的平台。读者可以根据自身学习、科研、工作的需要利用 BBS 论坛，向馆员提出问题，馆员根据自身具有的文献信息素养、图书馆馆藏知识资源，为读者提供解决问题所需信息或知识，为读者提供服务。同时，读者也可利用 BBS 论坛与馆员就某一彼此感兴趣的专业或学科问题进行讨论，实现彼此显性知识与

隐性知识的相互转化和提升。

（二）馆员 Blog 网络交流空间

馆员通过建立自己的 Blog 网络交流空间，向读者展现自身工作、服务及研究特点，向读者提供推送服务。在 Blog 网络交流空间里，馆员将自己在工作、学习、科研中获得的心得、笔记、科研成果、参与辅助的有代表性的服务项目等信息展现出来，读者可以清楚地了解某一名馆员的专业特长或服务特点，从而在解决问题时有针对性地寻求帮助，发挥馆员的服务特长，更好地为读者解决问题，提供知识服务。与此同时，馆员利用自己的 Blog 网络交流空间也可以向读者展现自己的工作、学习、科研内容及成果，向读者公开推荐自己的服务，实现读者问题的解决与馆员服务质量提升的双赢。

（三）读者知识库

在读者知识库中，读者（主要指教师、学生）可以将其在工作、学习或科研过程中的感想、日志、学习成果、研究成果等上传；还可以将图书馆官员帮其解决问题、提供服务的过程，或问题解决的方案，问题解决所获得的信息与知识等上传。利用这些信息或知识，读者之间可以根据某一问题开展讨论，实现彼此知识的增长，同时，馆员通过长期对某一位读者或某类读者进行跟踪，了解他们的学习与工作特点，在该位读者或该类读者向图书馆提出服务要求时，高校图书馆可以及时且有针对性地提供知识服务。

总之，开辟高校读者与馆员交流平台的知识服务，看似与知识服务关系甚远，实际上它是馆员与读者相互交流、密切联系，切实了解读者问题的内涵与问题解决合理化方案设计的基础。通过利用高校读者与馆员交流平台的知识服务，馆员可以了解某一位读者或某类读者的个性与专业特长，而某一位读者或某类读者可以了解某一位馆员或某类馆员的服务特点与研究专长，从而使馆员可以更有针对性地为读者提供服务，实现馆员、读者二者各自的显性知识和隐性知识的转化与提升。

构建高校图书馆知识服务模式分别从建立知识地图、开展读者个性化知识服务、开辟高校读者与馆员交流平台三个方面进行阐述，构建高校图书馆知识服务模式以满足读者的需求为出发点和归宿点。高校图书馆在馆藏资源、支持性技术、读者需求、服务内容等方面均不同于公共图书馆或其他文献、情报服务机构，其学科或专业的教学、科研与学习的特性决定了高校图书馆知识服务在个性化服务手段与内容、馆藏知识资源检索与利用、读者与馆员间的知识资源开发与利用等方面均有其特点。因此，构建高校图书馆知识服务模式是高校图书馆在知识经济时代以读者为本的思想的延伸，是未来高校图书馆服务工作提升的重点。

第三节　高校图书馆立体阅读服务模式与移动阅读服务模式

一、高校图书馆立体阅读服务模式

在新媒体环境下，读者阅读需求以及在阅读过程中使用的工具等均有了较大变化，相应的阅读方法同样有所改变。高校图书馆需要进一步强化自身阅读推广工作，通过不断创新高校图书馆阅读服务模式，确保阅读推广服务取得理想的效果。对高校图书馆而言，其主要读者群体为学生。怎样开展更多的阅读活动，让学生主动阅读、善于阅读，确保学生自身的阅读能力得以提升，提高阅读活动的效果，这是现阶段我国高校图书馆开展阅读推广服务的重要内容，也是进一步创新高校图书馆阅读服务的动力所在。基于此，我们提出了立体阅读服务模式，该模式能够确保高校图书馆更加全面高效地为学生提供阅读服务，使学生阅读活动的目标得以实现。高校图书馆立体阅读服务就是借助各方面资源优势，借助各种阅读载体，组织读者以不同的形式，在多个层次全面开展阅读以及交流活动。

（一）立体阅读的特征

1. 内容专题性特征

在高校图书馆开展立体阅读推广服务过程中，开展的全部阅读活动均拥有特定主题，依照相应主题对不同载体形式的资源加以整合与利用，再就各个附属主题加以组织，确保阅读活动顺利开展。以往开展的阅读活动，基本上也会设定特定的活动主题，不过不同活动之间几乎没有关联性，而且很多活动仅仅流于形式。高校图书馆开展的立体阅读活动在特定主题之下还设置有不同附属主题，这些附属主题几乎将开展的阅读活动的每一个方面均包含了进来。附属主题的设定，能够更加立体地向读者展示活动主题的不同内容，从而有效提升读者的阅读兴趣与能动性。

2. 载体多样化特征

立体阅读服务涉及的载体更加多样化，与开展的传统阅读活动存在较大差别。以往开展的阅读活动基本上都是纸质资源阅读或者是电子资源阅读，采用的形式也相对单一，读者参与活动时容易觉得枯燥。立体阅读活动把单一化阅读以及平面化阅读进行了改进，融合声音、图像以及色彩等不同形态，借助表演、电影、展览等多种形式，进一步提升了读者的阅读兴趣，使读者获得了更为丰富的阅读体验。另外，在立体阅读服务中，由于采用的阅读载体形式多样，能够很好地契合读者对新鲜事物好奇这一心理需求，有利于强化读者对阅读内容的掌握与了解，不知不觉中培养了读者良好的阅读素养。

3. 形式多元化特征

由于高校图书馆开展的立体阅读服务载体存在多样化特征，相应的活动形式也变得更加多元化。对于立体阅读而言，其中阅读活动仅仅代表了一种广义上的概念，除了对纸质文本的阅读，还要将读者更多感官调动起来，确保读者能够更深入地感受阅读以及文化的魅力。因此，高校开展的立体阅读活动除对纸质文本进行阅读以及对电子资源进行阅读外，还包含观看展览、观看电影以及参加讲座等。立体阅读服务能够使读者不再被动地接受阅读，而是以更加主动与立体的方式开展阅读活动，如此不仅确保了读者阅读积极性的进一步提升，还能够有效地改善读者的阅读体验。

4. 用户参与性特征

高校图书馆在开展立体阅读服务的过程中，要重视读者参与度，尽可能确保读者在立体阅读活动过程中将自身想法表达出来，并将阅读过程中的收获分享给其他读者。在立体阅读服务过程中，互动属于极为关键的环节，包括读者和作家之间互动、读者和演员之间互动以及读者之间互动等。在立体阅读活动中，正是由于读者的广泛参与，读者能够借助高校图书馆构建的阅读平台，及时和其他读者开展思想交流，提出自己的意见。这样不仅可以进一步提升学生的文化素养，还能很好地培养学生的阅读能力。高校图书馆通过开展立体阅读服务，使读者拥有更强烈的融入感，读者之间能够相互感染，从而带动更多的读者参与到活动之中。

（二）高校图书馆立体阅读服务模式的构建

利用德尔菲理论以及访谈方法开展相关研究与调查工作，在此次研究之中构建的高校图书馆立体阅读服务创新模式涉及以下主要部分：用户需求分析部分、立体阅读服务计划制定部分、服务计划分解部分、阅读服务开展部分以及阅读服务取得效果评价部分。其中，阅读服务开展部分又可以划分为馆内阅读服务、馆外阅读服务以及网络阅读服务等不同的阅读服务方式，其中任何服务方式均需要选定具体服务方式、服务渠道以及具体的服务策略。

在高校图书馆开展立体阅读服务的工作过程中，读者的需求分析工作是最为关键的工作，也是最为基础的工作，只有全面掌握读者对不同信息资源的实际需求情况，才可以确保高校图书馆能够为读者提供包含更多层次的立体阅读服务，才能够满足不同读者的个性化信息需求。阅读服务计划的制定工作以及计划执行工作是对立体阅读服务具体目标的进一步分解与细化，制定的服务计划属于立体阅读服务过程中最为重要的参考原则以及最高纲领。对高校图书馆而言，在立体阅读服务活动的过程中，要求图书馆依照自身的具体情况寻找到更多、更适宜的合作方，还要开展相应的宣传工作，实行合理的服务策略，能够更好地应用不同的立体阅读方式，确保高校图书馆立体阅读服务工作取得理想效果。所以，在开展立体阅读服务过程中，图书馆应当针对服务的具体效果及时进行分析与总结，这样可以尽早找出其中存在的问题，同时能够确保在方案编制以及策略制定过程中拥有可靠的参考依据。

二、面向大学生需求的图书馆移动阅读服务模式

移动互联技术的飞速发展和不断进步，极大地推动了移动智能终端的普及和应用。随着移动智能终端在应用过程中的不断改进和完善，如逐步增大显示屏幕、扩大存储空间、增强处理能力等，越来越多的年轻人开始习惯并逐渐依赖使用各种移动终端进行阅读。这种新型阅读方式在移动性、便捷性和个性化等方面拓展了用户的阅读体验，也悄然改变着用户的阅读需求。即时阅读、碎片化阅读、浅阅读、轻阅读、个性化定制、交流与互动等需求成为用户在阅读需求方面的显著特征。这些阅

读需求的新变化，给高校图书馆提出了巨大挑战。如何运用新技术、新方法，将馆藏资源与移动终端相融合，突破当前图书馆传统阅读服务的局限性，为广大师生提供新型移动阅读服务，成为高校图书馆界共同关注的话题。

（一）图书馆移动阅读服务与需求的理论研究

1. 图书馆移动阅读服务理论

（1）移动阅读理论。在图书馆数字化的建设过程中，移动服务成为数字图书馆发展的新方向，也逐步被图书馆界学者们接受。2004年吴志攀教授述及的“移动读者的图书馆”的出现，预示着手机阅读时代的到来。从文献的研究内容来看，我国移动阅读服务研究主要集中在移动阅读优势研究、移动阅读用户特征研究、移动阅读用户体验研究等几方面。

（2）移动阅读服务。关于移动阅读服务方面的问题，最初的移动图书馆是指流动图书馆，即将固定的图书馆服务延伸至没有固定图书馆的区域，以方便市民就近借阅图书资料。但是随着时代的变化，人们阅读的载体和阅读内容发生了变化，移动阅读服务的概念也发生了变化，阅读载体由传统的纸质媒体转变成电子移动媒介，移动阅读的内容不仅是文本阅读，还包括音频和视频内容。随着用户移动智能终端普及率的提高，开展包括手机阅读服务在内的多项移动阅读服务，可以使用户实现一站式检索馆藏文献、在线阅读、个人账号管理等功能。

2. 图书馆用户移动阅读需求理论

用户的需求是图书馆发展的根本动力。图书情报界学者主要通过对用户信息行为规律的研究，来进一步探讨图书馆信息服务中的用户信息需求，找出改进图书馆信息服务的方案。随着互联网技术向移动互联网环境的变迁，图书馆也从网络图书馆向移动图书馆发展。在碎片化移动阅读环境下，图书馆用户阅读需求随着移动阅读环境的变化而变化。掌握图书馆移动用户的阅读需求，对更好地为用户提供移动阅读服务，满足其移动阅读需求，促进图书馆转型升级具有重要的意义。图书馆用户移动阅读需求的理论基础主要有信息行为理论和阅读需求理论。

（1）信息行为理论。信息行为是行为科学的一个分支，各国学者在借鉴图书馆学、情报学、计算机科学、管理学、心理学、社会学的理论和方法的基础上，对信息行为进行了充分的研究。

信息行为是利用越来越多样化的媒介，传送、接收、处理、加工和存储各种各样信息的行为。信息行为是使信息变得有用的一系列行为的总和。信息行为是个人在社会系统中，利用媒介或直接收集、传送、存储信息以及处理信息的行为。信息行为是指个体获取和处理信息的方式，包括信息检索、信息利用、信息校正、信息分享、信息存储以及信息忽略。信息行为是个人与信息资源的协同过程，具体包括信息探查、信息寻求、信息利用和信息交流。信息行为是人类行为及与其相关的信息来源和信息渠道的总和，涵盖主动的和被动的信息寻求和信息利用。因此，信息行为既包括面对面的信息交流，也包括被动的、毫无目的的信息接受。

现代图书馆是建立在信息化、数字化、移动化平台上的图书馆，与传统图书馆用户相比，移动图书馆用户呈现如下特点：地域分布广、需求层次高、更加个性化、随意性大、交互性要求高等。图书馆发展的核心竞争力是能够及时掌握并适应用户需求的变化，来使自己的信息服务具有较强的针对性。图书馆应当加强对用户信息需求的状态、用户需求结构、用户需求特点等方面的研究，使信息服务达到更好的效果。

（2）阅读需求理论。阅读是人类获取知识的重要手段，是认识世界、满足自我的一种重要方式。由用户需要引发的对信息的寻找、吸收和利用等一系列的行为总和，便是人类阅读行为的整个过程。用户的阅读需求包括个体的阅读需求以及为了满足这一需求而产生的对阅读内容、信息检索工具、操作系统的认识和对阅读服务的需求等。

从图书馆接受不同用户的服务要求来区分，可以分为咨询服务、定题服务、借阅服务、网络服务等，接受不同信息服务方式的用户有不同程度的需求。咨询用户希望能够得到指定问题的满意回答；借阅用户获取文献的需求具有求近、求快、求便的特点；定题查新用户要求信息服务机构经常推送自己个性化需求的最新信息；通过网络数据库获取信息的读者对速度有强烈的要求，等待时间通常以秒数计算，希望以最快的速度和最准确的链接传输最满意的信息。

（二）面向大学生用户需求的高校图书馆移动阅读服务策略

1. 强化阅读内容的资源建设和管理

随着移动终端的发展和网络速度的不断提升，移动图书馆阅读资源服务不再局限于数字图书馆平台资源的平移，而需要进行深层次、多样化服务。针对这一需求，高校图书馆可以通过以下几个方面的工作实现。首先，应根据读者需求，对现有资源进行重组、内容规范，对图书馆资源进行深度加工。加大学术视频、讲座、精品教程、纪录片、音频资料的收集、储存和转换工作。其次，加强本校特色资源和图书馆联盟建设，实时发布重点学科的前沿信息和学科动态，为学科团队、学科竞赛等研究机构提供专业服务，拓宽图书馆服务范围和内容，充分满足教师和学生的阅读需求。再次，要加强对学生阅读兴趣的培养、阅读行为的引导，可以引进一些休闲娱乐方面的阅读资源，如生活小百科、政策新闻、体坛快讯等内容，适当订阅一些时尚、娱乐方面的电子杂志，增强学生用户对图书馆服务的黏附作用。最后，积极和内容供应商合作，获得出版物数字版权许可。

2. 改进移动阅读服务技术

在开展移动阅读服务中，不仅要强化阅读内容的资源建设和管理，还要加大移动阅读技术的研发。提高数字资源在不同设备中的兼容性，满足不同用户的阅读需求。通过元数据整合技术对馆内外的中外文图书、期刊、报纸、学位论文、标准、专利等各类文献进行全面整合，在移动终端上实现资源的一站式搜索、导航和全文获取服务。接入功能强大的云共享服务体系，平台提供 24 小时云图书馆文献传递服务，无论是电子图书还是期刊论文，都可以通过邮箱接收到电子全文。

3. 加强对用户移动阅读需求与行为的研究

图书馆移动阅读服务的开展不但使图书馆的资源突破了空间限制延伸到移动终端，也使图书馆突破了服务时间的限制。与此同时，图书馆移动阅读服务逐渐培养起用户移动阅读的习惯，享受足不出户浏览图书馆资源的新潮流，提高了图书馆移动阅读服务的有效性，因此高校图书馆需要不断进行用户研究，跟踪调研用户移动阅读需求与行为的变化。

4. 完善移动图书馆阅读系统，提高个性化服务水平

在移动阅读服务技术与系统方面，图书馆应根据用户需求不断完善其移动阅读服务系统。首先，移动阅读内容要简洁明了，提高内容的载入速度，降低用户在阅读过程中产生的流量费用。其次，构建适合各类移动终端接入与访问的服务网站，丰富站内服务项目，使其能根据移动终端的系统自动适配，对浏览页面进行智能重排。再次，根据用户需求归纳出适合移动阅读的内容，并按照读者和阅读类型进行分类，注重界面交互设计，实现一站式在线阅读、下载、借阅、咨询、检索等功能。最后，针对用户对读物存在多终端存取的现象，图书馆应开发云存储管

理功能，并且可以利用阅读软件智能管理阅读进度和建立个人资料库，便于用户对已阅读内容与阅读进度等进行标注、存储、跨屏调取等操作，方便用户进行连续阅读或重复阅读。

第六章　智慧时代高校图书馆服务创新

第一节　智慧时代高校图书馆服务创新概念界定

一、智慧时代与高校图书馆服务创新概述

（一）智慧时代的内涵及特征

“智慧”一词贯穿古今智慧时代是基于传统智慧基础上，融合新技术、新人文、新发展的新智慧、新理念、新变通。智慧时代不仅囊括智慧技术对社会发展的惠泽，而且是人类社会和谐共存、可持续发展的理想模式。

智慧时代与高校图书馆服务创新的相关概念主要有以下三点。

第一，智慧地球。IBM 提出的“智慧地球”概念主要是指在物联网、互联网、云计算、智能信息处理等技术基础上将人类社会与物理世界整合，实现人类社会与物理世界的有效沟通、协作的新的社会形态模式。

第二，智慧城市。智慧城市是继数字城市之后信息化城市发展的高级形态，利用新一代信息技术以及维基、社交网络、Fab Lab、Living Lab、综合集成法等工具和方法，实现全面透彻的感知、立体泛在的互联、智能融合的应用和以人为本的可持续创新。《欧盟智慧城市报告》

提出了智慧城市的六大坐标维度，分别是智慧经济、智慧流动、智慧环境、智慧公众、智慧居住和智慧管理。智慧城市强调的不仅是智能，还有公众的智慧参与、以人为本和可持续发展等内涵。

第三，智慧图书馆。智慧图书馆是智慧教育的重要内容之一，是图书馆领域基于智慧时代的具体实践。智慧图书馆以数字化、网络化、智能化的信息技术为支撑，以互联、高效、便利为主要特征，以绿色发展、数字惠民为本质追求，是现代图书馆可持续发展的理念与实践，是未来图书馆发展的理想模式。智慧图书馆注重在信息技术基础上的整合集群与协同管理，注重新信息技术支撑下的泛在、便捷和跨越时空的读者服务以及图书馆的创新发展、转型发展和可持续发展。

结合“智慧”一词的发展以及智慧时代的提出背景与相关概念，笔者认为应该综合人类社会发展的目标、当下社会发展的程度和实际情况以及未来社会的可持续发展探讨智慧时代的内涵。

第一，智慧时代首先应该是人的时代，不是技术的时代。当前国内外学界对智慧地球、智慧城市及智慧图书馆的探讨大多是基于技术理想状态下的形态探讨，忽略了人的价值因素、情感因素、现实追求。在智慧时代，人的智慧是一切的渊源，是超过技术理性与机器理性的智慧。不论是“智慧地球”“智慧城市”还是“智慧图书馆”，都应该以人为主体，以人的实际需要为出发点，避免走入技术主义的泥潭。

第二，人的价值和需求得到关注。智慧时代，人的需求不仅在共性上需要得到满足，在个性上也需要得到尊重。公众价值和个人价值在社会管理和生活的各个领域都要求得到重视与重塑。每一个个体的选择都将得到充分的保障并且更具个性化条件，公众参与度、用户需求满足度、用户反馈成为评价一款技术、一项服务、一个制度是否成功和成熟的重要评价指标。

第三，在智慧时代，技术帮助人们更加智慧地生活。在智慧时代，随着物联网和云计算为主要内容的技术体系的逐渐成熟、应用和发展实践下，世界将逐渐实现立体感知、泛在互联和智能融合。通过人与人、物与物、人与物的互联，社会将呈现更加灵敏和智能的响应与处理机制，使得人与人、人与社会、人与自然之间的联系更加密切、更加融洽。在IBM给出的关于智慧地球的21个主题中，包括能源、交通、城市、基础设施、医疗保健、公共安全、轨道交通、政府、教育、工作、食品、零售、水、建筑、银行、电信、石油等方面，这些领域渗透人们学习、工作、生活的各个方面，人们的工作与生活将因此更加智慧。

第四，智慧时代的社会形态应该是生机、开放、创新与和谐共存的社会形态。智慧时代是一个集成、融合、协作、开放的大系统。智慧时代，各领域边界开始消融，逐步走向协作，走向共享。智慧时代是面向知识的创新，其以服务为中心，注重用户的智慧参与，以实现公众价值塑造与个人价值创造为目标，强调用户创新、大众创新、开放创新、协同创新的创新涌现。智慧时代与传统时代不同，传统时代的信息服务适应的是广泛的、大众的用户需求，而智慧时代注重人的价值，人的个体选择和潜力将得到充分尊重、挖掘和保障。智慧时代应该是一个自由开放、生机呈现、创新涌现的可持续发展的社会形态模式。

综上所述，智慧时代的特征主要包括以下五点：一是以技术应用为支撑的智能性；二是以知识创新为内容的知识性；三是以尊重和体现人的需求和价值为本质的人本性；四是以开放、自由、向上、热情、活力为象征的生机性：五是以绿色发展、低碳节能为目标的可持续发展性。

（二）智慧时代对高校图书馆服务的影响

高校图书馆是图书馆系统的重要组成部分，而服务作为图书馆发展与建设的重要内容，是高校图书馆实现其功能与宗旨的关键，提供满足用户需求的优质服务是图书馆建设与发展的最终目标。智慧时代的来临对高校图书馆的服务建设来说，既是机遇又是挑战。智慧时代对高校图书馆服务的影响主要表现在以下几方面。

1. 服务方式

在服务方式上，传统的高校图书馆服务方式主要以图书馆自动化集成系统为主导，在此基础上向到馆用户提供借阅、检索、咨询服务。智慧时代，高校图书馆的服务方式在原先的基础上开始结合 Web2.0 与智慧技术向“自助服务”“主动推送服务”“集群协同服务”“移动开放服务”的智慧服务手段转变，如基于 RFID 技术下的自助图书馆，基于移动通信技术的移动服务，基于云计算技术的高校图书馆资源共建共享服务等。

2. 服务内容

在服务内容上，传统的高校图书馆服务内容主要集中在检索借阅和基础参考咨询等服务。智慧时代背景下，伴随智能信息处理技术的发展以及物联网、云计算的建设和发展，高校图书馆在服务内容的建设上突破了单一的服务内容，向多样化、专业化、整合化、共享化发展。资源内容的提供方式向知识服务发展，咨询服务向虚拟参考咨询服务发展，基于场所的服务向智能空间、第三空间服务发展。

3. 服务理念

在服务理念上，传统高校图书馆的服务理念主要是图书馆作为信息中心，向用户提供资源服务，服务理念较为传统、封闭和被动。智慧时代背景下，高校图书馆传统的“重藏轻用”的服务理念向“以用户为中心”“注重用户参与和协同共建”“可持续发展创新”的理念转变，国内外高校图书馆在服务实践上进行创新，如信息共享空间的建设、学科服务的建设以及“智慧图书馆”项目的建设都是这一理念的重要实践。

4. 服务用户

在服务用户上，高校图书馆的主要用户是学生用户群体和教职工用户群体，智慧时代下的信息环境特点使高校图书馆的用户群体扩大（还包括企业科研人员、社会群体），用户信息素质提升、自我服务意识增强，隐性的信息需求得到激发，对高校图书馆服务提出了更高的要求。如何满足新信息环境下用户个性化、即时化、交互化、全面化的信息需求是当前高校图书馆服务建设面临的重要挑战和课题。

二、智慧时代高校图书馆服务创新的必要性

当前高校图书馆的建设与发展既面临机遇，又存在挑战，在实际的具体的用户服务过程中还存在很多问题与不足。智慧时代的服务创新为高校图书馆的服务建设提供了新的思路与发展机遇，是高校图书馆未来转型与发展的关键。智慧时代高校图书馆服务创新的必要性主要有以下几点。

（一）更好地满足高校图书馆用户的信息需求

高校图书馆用户由于其专业背景和教育背景，在资源类型上要求全面、多样化的信息资源：在资源内容上要求专业、交叉、整合的知识内容；在资源服务方式上要求主动化、交互化、个性化、学科化、一站式的服务方式。传统高校图书馆的信息服务主要是适应大众的、群体化的服务，服务方式和服务内容相对基础和单一，已经无法与用户新的信息需求与信息行为相适应。智慧时代的来临，使得高校图书馆用户的信息需求呈现新的特征，基于智慧时代的高校图书馆服务创新能够更好地满足用户信息需求。

1. 满足用户的个性化需求

智慧时代，人们对个体选择被满足、被尊重需求越来越强烈，用户的需求越来越个性化。智慧时代的高校图书馆服务创新能够提供针对用户个性、知识结构、从属行业、行为方式的信息，并强调提供面对此

时、此地、此场景的服务。

2. 提供多元化服务

智慧时代是走向开放融合的时代，智慧用户对信息服务的需求越来越强调多元化，不仅要求在服务内容上多元化，还要求在服务方式上的多元化。智慧时代的高校图书馆服务丰富并创新了服务内容与服务方式，能够根据高校图书馆用户的学科背景提供多样化的信息资源与服务方式，具体表现在提供多样化文献载体、多语种文献服务、多样化检索方式、多元化服务类型（信息资源服务、休闲娱乐服务、学习会议支持等）等方面。

3. 提供最省力的资源利用方式

最省力法则是人类最基本的行为选择法则，在信息服务方式的选择上主要体现为获取便利性和易用性。商业信息服务机构的日益成熟和互联网的发展使人们获取信息的渠道越来越多元化，人们面对的选择越多，基于最省力法则，方式的便利性就会成为人们考虑使用的首要因素，其次才是质量可靠性。同样，如果信息使用的难度比获取信息本身更难的话，那么这个信息或者信息系统本身就失去了意义。智慧技术的出现为高校图书馆的资源服务与创新服务提供了实现高效便利的可能性，用户能够在最短的时间内用快捷简单的方式获取所需的服务，利用所需的资源。

4. 提供专业化的资源服务

高校图书馆用户主要集中于教师与学生群体，其科研需求和学习需求要求图书馆提供的信息服务不能简单地停留在检索和借阅层面上，他们需要经过加工和处理的整合化的信息资源，需要最新的学术动态和学术趋势分析以支持他们的科研任务和学习任务，因此专业化是高校图书馆用户信息资源需求的重要特点。传统的信息服务大多停留在文献的检索与传递上，随着智能信息处理技术的发展，知识服务不断深化与创新，高校图书馆能够为用户提供更具针对性的，经过分析、处理的有序信息与知识成果。

5. 满足用户的即时化信息需求

大数据环境下，信息更替速度呈几何级数增长，全球信息增长速度越来越快。高校图书馆用户由于其科研任务和学习任务的需求，他们需要最新的学术动态和学科发展趋势信息来支持他们的学术研究，高校图书馆需要满足他们的即时化信息需求。

综上所述，智慧时代高校图书馆的服务创新是高校用户在新信息环境变化下信息需求转变的客观要求，只有注重用户服务创新，才能更好地满足高校用户的新信息需求，更好地应对智慧时代高校图书馆转型与突破的挑战。

（二）弥补当前高校图书馆现行服务模式的不足

当前高校图书馆主要以复合图书馆的形态存在，是传统图书馆与数字图书馆的结合形态，当前高校图书馆服务的主要模式及其不足有以下几点。

1. 大众化服务模式

当前高校图书馆提供的服务主要是面向大众的、群体化的服务，其服务内容和服务方式没有针对性，适用于所有用户，与当前用户需求个性化、专业化，期待面向此时、此地、此场景的服务需求相差甚远，提供的信息服务不够深入、不够细化，不具有针对性。

2. 被动化服务模式

当前高校图书馆的服务主要以实体馆藏资源为主，坐等用户到馆寻求服务，服务方式被动，缺乏与用户的互动和沟通，与当前信息环境下用户需求个性化、即时化的特征相背离。随着互联网技术的发展和网络信息服务的完善，用户寻求以最方便、最省力、最节约时间的方式获取信息的特征越来越明显。高校图书馆在主动推送信息服务、为用户定制信息服务的实践方面还需要进一步探索。

3. 单一化服务模式

随着用户信息需求的转变，高校图书馆在创新图书馆服务方面做出了诸多尝试，由传统的提供检索借阅、参考咨询服务向学科馆员、知识导航、IC 等多样化服务发展，多种服务方式并存。但是在具体服务类型的深度上与国外高校图书馆的实践还存在一定差距，服务内容、服务方式和服务主体都略显单一和粗糙，虽然已经提供了多样化服务，但是这些服务都还停留在基本的浏览、借阅、检索等简单的服务层面，服务人员的构成单一、资源配备单一、空间布局单一。

4. 分散式服务模式

服务部门设置分散，用户往往需要往返于各个部门才能获取所需的信息服务。资源分散，馆内资源、馆际资源以及网络资源的整合力度低、集成度低，缺乏跨库的一站式检索，用户需要专业的文献资源时，往往需要在不同的资源部门、不同的资源系统、不同的检索界面来回切换，大大降低了资源的获取与使用效率。

此外，当前大部分高校图书馆的人才引进方式和人才培养方式尚不能满足高校图书馆在智慧时代背景下的服务建设需求。智慧时代高校图书馆的服务创新在服务方式、服务内容、服务理念方面都对传统高校图书馆的服务进行了改革和创新，能够有效弥补当前高校图书馆用户服务存在的不足，更加注重用户的个性化服务与主动服务，提供多样化信息服务，最大程度实现资源与服务的有效整合与集成。

（三）实现转型与超越，助力智慧校园建设

基于智慧时代的高校图书馆服务创新是其实现转型与超越的需要。随着网络信息服务的发展，高校图书馆传统的信息服务功能正在逐渐被弱化。新信息环境下，用户信息需求的不断变化使得高校图书馆的转型与超越迫在眉睫。高校图书馆基于智慧时代的服务创新体现了高校用户群新信息需求的特征，为高校图书馆实现功能转型和角色创新提供了新思路，注入了新活力。基于智慧时代的高校图书馆服务创新是未来图书馆的发展模式——智慧图书馆建设的基础和需要，也是实现这一目标的重要内容。

基于智慧时代的高校图书馆服务创新为智慧校园建设提供了有力支持。图书馆是高校的重要组成部分，基于智慧时代的高校图书馆服务创新能够为智慧校园建设提供泛在智能的学习环境支持，提供无处不在的网络学习与融合创新的网络科研支持，为高校师生提供一个泛在多元的智能化学习环境，包括融入教学的智能学习环境支持、融入科研的学科服务平台、不受时空限制的移动图书馆服务等。高校图书馆服务创新能够有效助力智慧校园建设，为智慧校园更好地实现泛在智能的学习环境、协同创新的科研网络法制、高效的校务管理、丰富多彩的校园生活提供有效支持。

三、智慧时代高校图书馆服务创新的理念与方法

（一）服务创新理念

智慧时代高校图书馆服务创新的目标主要包括四个方面：一是实现高校图书馆的功能创新和角色创新，完成转型与超越；二是与智慧校园、智慧教育建设齐头并进，相辅相成，实现共建融合和发展；三是提供符合用户实际需求的智能化、个性化、多样化、知识化与绿色化服

务，最大化满足用户需求；四是实现高校图书馆的可持续创新发展。因此，为实现智慧时代高校图书馆服务创新的目标，必须建立科学的服务创新理念，主要包括以下几点。

1. 以用户为中心

智慧时代注重人本性，强调以人为基点进行社会建设与运行机制的顶层设计。秉承这一理念，高校图书馆服务创新模式应从以文献资源建设为中心的基础模式转向以用户服务为中心的智慧模式。智慧时代注重用户的智慧参与，强调公众价值和个人价值的塑造。高校图书馆服务创新的建设只有以用户为中心才能体现智慧时代以人为本的本质追求。

2. 泛在服务

泛在服务是智慧时代对高校图书馆服务创新提出的基本要求，是图书馆实现智慧服务的重要内容。泛在服务的实现需要高度智能化的技术支撑，尤其是网络通信基础架构的建设。最具深远意义的技术是那些已经渗透到人们的日常生活中的技术。智慧时代高校图书馆服务创新的目标是让用户享受泛在化服务的同时忘记技术本身的存在，如同人们使用文字一样自然却忘记其实文字本身也是一种技术。

3. 大同融合

智慧时代是技术大同的时代，技术大同促进业务融合，反映到高校图书馆服务中表现为服务集成化、资源共享化、资源整合化和用户服务交互化。高校图书馆用户需要更加高效集成的信息服务，冗杂分割的服务体系导致的用户流失会让服务本身失去意义。技术大同环境下，人们以融合的方式共建共享信息资源与信息服务，这种协同共享模式能够促进个性化服务的发展，使人们的个体选择得到尊重与实现。

4. 可持续发展

高校图书馆服务创新的建设必须与图书馆未来的发展趋势和顶层设计目标相结合，只有这样才不会导致重复建设与资源浪费。可持续发展主要体现在绿色节能和低碳环保两个方面，体现在以最小的成本和投入实现效益最大化，体现在当前的建设能为后续建设服务和发展所利用。智慧时代的本质是通过智能技术，以更低的成本保证整个系统的健康、高效、绿色、持续运行，这也是高校图书馆在智慧时代服务创新的目标。

5. 安全可靠

安全可靠强调的是保障用户隐私和信息安全。大数据时代，随着智慧技术的应用，服务越来越智能化的同时，用户隐私和信息安全问题随之而来。高校图书馆为用户提供智能高效的服务的同时，也应注重用户信息如何在大数据环境下得到保护和尊重，这是一个必须引起重视和思考的问题。除了加大安全技术的研发外，从人文和社会管理层面上，与用户读者建立相互信任的机制尤为重要。高校图书馆必须与用户一起认真思考、统一协商、并最终做出决定。

（二）服务创新方法

智慧时代高校图书馆的服务创新建设要结合各个学校的学科专业设置情况，依据图书馆的实际建设与发展情况，结合用户具体信息需求进行构建。当前我国高校图书馆服务创新的方法主要包括以下几点。

1. 基于原有服务和空间，优化改造与创新

这种方法是对现有的高校图书馆服务和空间进行优化改造，包括已经开展的移动图书馆服务、知识服务以及现有的电子阅览室、研讨空间服务等。结合智慧时代高校图书馆的新服务理念和用户的新信息需求，

从新的维度全方位拓展新功能，改造和优化原有的服务。基于原有空间与服务的优化改造不仅节约了成本投入，并且充分利用与整合了图书馆资源，实现高校图书馆服务的功能再造与创新。

2. 应用新技术，拓展新服务

这种方法主要是指利用新信息技术创新图书馆服务方式、服务内容，实现高校图书馆服务创新，包括引进 RFID 技术和云计算技术、采用新的服务设备和终端，结合移动网络技术的发展，拓展移动图书馆新功能等。新技术的研发和应用是高校图书馆更好地实现立体互联、全面感知、泛在智能的智慧服务的关键。

3. 寻求合作，实现效益最大化与最优化

这种方法是与其他图书馆或者第三方合作机构共建，即合作联盟模式。这种方法立足于高校图书馆现有的资源、技术和服务，能够有效整合馆内资源和馆外资源，弥补自身不足。通过开展与利益相关者的有效合作，寻求高校图书馆服务效益的最大化和最优化。

第二节　智慧时代高校图书馆服务创新体系及运行模式

一、高校图书馆服务创新体系的构建

（一）构建以智慧技术为基础的技术支撑体系

1. 拓展与升级高校图书馆自动化集成管理系统

高校图书馆的自动化集成管理系统是构建智慧时代高校图书馆服务

创新模式的基础系统，是图书馆管理与服务的基础。智慧时代高校图书馆的自动化集成管理系统要突破单馆应用范围的局限，覆盖更为广阔的应用领域，支持图书馆的业务拓展和新技术的应用，成为范围更广的图书馆用户、资源、设施、业务流程等综合服务与管理平台，如深圳市图书馆采用的面向对象的统一技术平台的基础架构。高校图书馆应该注重基于图书馆联盟的自动化集成管理系统的建立，实现高校图书馆联盟之间的统一服务和共建共知共享。

2. 搭建高校图书馆网络通信基础架构

搭建无线局域网络、传感网络和移动通信网络，实现高校图书馆的多网融合立体型基础网络架构，实现泛在互联，保证高校图书馆服务的连贯性与一致性，实现泛在化、跨时空、无缝移动的服务路径。目前大多数高校图书馆基本都有比较完备的有线局域网络的覆盖，但基于移动技术和 RFID 技术的图书馆移动服务和部分自助服务需要无线网络的支持，因此需要搭建无线局域网络，使无线热点区域基本覆盖图书馆的全部服务范围。物联网在高校图书馆的应用是基于互联网的基础上将图书馆的物与人、物与物、人与人通过 RFID 技术、传感器技术、智能处理技术、全球定位系统等按照约定的协议连接起来，以实现对图书馆的智能化管理和智慧化服务。高校图书馆的物联化程度与传感网络的搭建直接相关。因此搭建高校图书馆传感网络是图书馆基础网络架构中的重中之重。通过无线局域网络和传感网络的建设使无线传感网络全面覆盖图书馆，使高校图书馆的感知层和网络层实现真正意义上的连接，构建真正意义上的物联网智慧图书馆。

3. 以物联网技术和云计算技术为支撑

高校图书馆的服务创新需要基于物联网技术的信息感知技术和基于云计算环境的分布式信息技术的支撑，让物联网承担数据感知、获取、交换、处理与响应的任务，云计算承担对大型数据中心、跨数据中心硬件资源及软件数据的统筹调度与集群服务。

物联网技术主要是通过对布局在高校图书馆内图书、设备的传感器节点进行管理，通过无线传感网传输到云计算中心，进行分析处理和共享应用，实现对图书馆的高效管理和向用户提供便捷服务。相对简单的信息处理如图书位置的定位、图书环境的温湿度传感信息由本地节点处理；相对复杂的信息相互理解或者需求如图书借阅信息分析、读者的兴趣爱好分析以及综合这两种信息提供个性化服务则需要由本地的计算平台甚至被送至云计算平台进行综合处理。云计算为高校图书馆提供了一个共享式的计算环境以及强大的信息存储和处理的支撑环境，通过将计算任务分布在由大量计算机构成的统一管理和调度的资源池上，各种应用系统根据需要获取计算能力、存储空间以及各种软件服务。通过云计算节点，将远程的各种网络资源、专题数据库、数字图书馆以及一些官方的或者私人组织发布的信息融汇在一起，再由运行在云计算节点上的数据挖掘系统、数据综合处理系统等相关工具和软件对所有信息和数据进行综合的预处理，为综合和个性化的信息服务、参考咨询、个性化服务提供有效的支撑。以物联网和云计算为支撑的技术实现的功能主要有文献资源的智能化管理、服务内容的智能化创新、服务方式的智能化应用、事务管理的智能化辅助和资源、服务、技术的共建共享。

（二）构建完善的信息资源保障体系

智慧时代的高校图书馆馆藏资源呈现出多样性和复杂性的特征，既有纸本资源的形式多样性又有数字资源的载体多样性，既有结构化数据的存储又面临半结构化数据、非结构化数据存储和建设的挑战。在资源建设上既有资源获取的多样性又有资源存储编目的复杂性。高校图书馆的馆藏资源建设使得普通高校图书馆能够获得与大型高校图书馆同等量级的馆藏和无差别的基础服务，图书馆的资源服务若想在众多高校图书馆中脱颖而出，就必须注重自身资源建设，在保证与其他图书馆馆藏无差别化的前提下，扩展自身资源，优化自身资源，建设差别化、专业化、特色化馆藏资源。

1. 明确高校图书馆信息资源体系的建设原则

高校图书馆信息资源体系的建设首先要从自身定位出发，制定适合本校教学、科研发展的信息资源建设方案；其次要全方位完善资源获取和建设方式，充实和丰富本馆资源库；再次须注重特色资源建设，凸显本馆优势和功能；最后要同本校教学、科研部门保持实时关注和密切联系，不断调整、创新和优化资源建设渠道和服务渠道。

2. 拓展和优化高校图书馆信息资源的建设方式

首先加强自身资源的建设，包括馆藏纸质资源建设的优化采购和数字化以及原生数字形式资源的建设。其次建立图书馆联盟，寻求区域合作，加强与其他高校图书馆之间的资源、技术和服务的共建共享，共同构建共享平台。再次推进与第三方机构的协同合作，寻求资源、技术和专业人员方面的支持与合作，达到效益最大化、服务最优化的目标。最后要加强和注重网络资源的补充建设，最大限度挖掘符合用户需求的各方面的网络信息资源，包括 OA 资源和非营利性机构的免费资源等。

3. 构建高校图书馆网络平台与数据中心

搭建基于云计算的数据服务平台和存储中心。信息技术的发展对高校图书馆的网络存储容量提出了挑战，高校图书馆的网络资源存储需要云计算技术的支持。应用云计算技术扩展图书馆的数据存储空间，通过语义 Web 技术、本体技术、网格技术，对海量信息进行挖掘、抽取、关联、整合，实现高校图书馆数字资源从数据库走向数据海，建立起智慧的云服务。

4. 优化资源发现渠道

资源发现渠道的优化能够帮助用户直观了解高校图书馆的信息资源，直接找到所需的信息资源。构建一站式的资源发现系统和知识服务平台，使得用户能够在最短的时间内发现和获取符合自身需求的信息资源，包括馆藏纸质文献、电子书、电子期刊、数据库、多媒体资源、网络资源、商业资源以及其他高校图书馆或第三方机构的资源。创建学术资源或者知识导航系统，直观揭示高校图书馆的现有馆藏和馆外资源，便于信息资源的推介和用户查找所需的资源，弥补了现有资源分类相对简单、宽泛的不足。在高校图书馆中较常见的有学科知识导航系统、数据库导航系统以及一站式学术资源导航系统等。资源导航系统的构建不仅要揭示本馆馆藏资源的分布，而且还要覆盖网络资源、图书馆联盟资源，甚至更广范围内的其他图书馆、第三方机构资源。完整的资源覆盖才能保证用户获取最直接、最全面的资源信息。

5. 建立资源利用分析模型

对馆藏数据资源进行有效的分析可以直接了解馆藏资源的利用情况、用户访问资源的情况、用户感兴趣的资源情况，在此基础上调整和优化资源建设和服务策略。分析的数据应当包括用户访问各个数据库页面的数量，原文传递的数量，检索的数量，RFID 管理系统下图书资源的借阅率、访问率、阅读率等。

此外随着移动网络技术的发展以及移动图书馆服务的逐渐推广，高校图书馆在采购数字资源方面应该兼顾移动平台建设的需求，使其购买的数字资源能够最大限度地在各种移动终端得到应用。

（三）构建以创新型人才为依托的人员体系

高校图书馆的服务创新不仅是在服务内容与方式上的创新，还包括服务主体的创新。在智慧时代背景下，高校图书馆应该注重新时代馆员形象建设、价值理念建设、能力建设以及职业素养建设。图书馆的主体是图书馆员和图书馆用户，图书馆服务的来源和关键在于图书馆馆员智慧。馆员通过智慧吸引用户，将潜在用户转化为当前用户，传播和推广信息、知识，塑造服务品牌，实现高校图书馆的功能创新和角色创新以及可持续发展。为了适应快速变化的现实环境，高校图书馆馆员不仅要能胜任对现有体系和服务的执行和管理工作，还应具备卓越的洞察力和执着的献身精神，能时刻关注高校用户有哪些信息需求，了解如何通过建设新信息源来提升服务质量，并聚焦那些能有效传播信息的新技术。高校图书馆的人员体系宏观上应从服务理念、服务技能上进行建设。

智慧时代的高校图书馆服务创新除了是服务方式和服务手段上的创新，更应该是服务精神和服务理念的创新，应体现出“以用户为中心”“注重用户价值与参与”“可持续发展”的理念。高校图书馆员需具有卓越的洞察力，关注和发现用户的信息需求，掌握提升图书馆服务的建设渠道，在此基础上，接受新技术，学习新技术，为智慧时代的图书馆服务创新做足思想、理论、技术上的准备。

1. 建立图书馆馆员行业准入制度和资质认证制度，注重馆员素养和技能培训

高校图书馆馆员的综合素质是决定图书馆创新服务能力和水平的核心因素。建立图书馆馆员行业准入制度和资质认证制度，注重馆员培训，对高校图书馆整体服务水平的提升有着重要的作用。例如，天津财经大学珠江学院图书馆开展了 2022 年度第十二期馆员业务能力提升线上培训，培训的主题为“高校图书馆服务能力建设系列之红色图书馆史与图书馆红色教育”。为持续提高上海地区高校图书馆馆员专业能力，加强馆员之间业务和经验交流，上海市高校图工委主办、上海市高校图工委“馆员能力提升工作组”和上海外国语大学图书馆承办的“2022

年上海地区高校图书馆馆员能力培训”以“公益云培训”的形式举行。通过馆员素养和技能培训有效促进国内高校图书馆培养具有实干能力与创新精神的馆员队伍的建设，为我国图书馆事业可持续发展提供了恒久动力。

2. 建设创新型的学科馆员队伍

学科服务是高校图书馆知识服务的重要内容，建设创新型的学科馆员队伍，提升学科馆员对学科信息服务建设的整体驾驭能力，从多个维度开展学科服务，构建学科服务平台，创新服务项目，优化服务方式，为高校师生提供全方位的学科服务，有助于提升高校图书馆知识服务的整体水平。

3. 打造图书馆服务研究与推广团队

高校图书馆的服务创新需要一支专门探讨和研发服务的专业团队，有了这一团队图书馆的服务才能更加专业、系统，更具核心和品牌价值。需要强调的是智慧时代的高校图书馆员不仅需要具备创新的服务理念，新型的服务素质、服务技能以及职业素养，还需要使政府、企业、用户认识到图书馆的重要性，让他们了解图书馆对社会、城市发展的积极意义，以激励他们对图书馆的支持和贡献。这就需要图书馆员强化对外沟通技能、公关技能、品牌推广技能等市场营销技能，打造一支充满活力、开放、正能量的图书馆服务团队，以提高社会、公众对图书馆的认知度。

4. 组建知识工作者社区

组建知识工作者社区指的是图书馆员、高校教师和学生、其他信息机构人员、政府人员、企业人员、科研人员、专业社会团体人员等知识工作者组成的具有信息技术能力和知识开发能力的团体，旨在通过智慧协作，应用知识，开发知识产品，提供知识服务，实现知识创造和创新，形成决策方案，提供和共享智慧服务。知识工作者社区分为实体知识工作者社区和虚拟知识工作者社区。通过鼓励对话、组合团体、促进合作三种方式，集合图书馆员、高校师生以及其他知识工作者的智慧，通过建立在线社区，促进合作伙伴关系，分享经验和知识，提升能力，创新知识，为图书馆、高校、学科、行业，乃至政府、经济、社会发展提供决策支持和信息解决方案。知识工作者社区的建立能够帮助馆员创新服务理念，提升服务技能，强化服务能力，拓宽服务视野，实现综合发展。

5. 引入个人图书馆员

个人图书馆员的引入是对参考咨询服务的拓展和深化。高校图书馆根据学科设置参考咨询室，个人图书馆员针对到馆咨询的用户以及网络参考咨询用户提供咨询服务，最大程度地实时满足用户的信息需求。针对用户复杂、专业的信息咨询问题进行汇总和分类，同时提交专门学科馆员或者咨询团队，进一步制定信息解决方案，以最快的速度为用户提供最优质的信息服务。

二、高校图书馆服务创新的主要运行模式

（一）以引导自助型服务为基础的创新模式

智慧时代高校图书馆的自助服务主要基于以用户为中心的建设理念，提供满足用户个性化信息需求的服务，体现用户的主体地位与个性需求，保护用户隐私，以加强用户的自主意识，鼓励用户参与。高校图书馆的常规化服务和基础服务主要通过图书馆的统一门户、自助服务平台或者用户自身的终端设备实现。根据用户的兴趣爱好、信息需求特点、信息行为习惯等信息，自行利用图书馆提供的各种资源和服务，通

过用户自主参与实现自助服务，无须人工干预。

自助模式的目标是实现用户的自主化参与服务，最大限度地提升图书馆服务的智能化、高效化、便捷化，实现高校图书馆资源的优化配置，构建以自助服务为导向的现代化高校图书馆。

高校图书馆的自助服务体系主要包括自助检索系统、自助借还系统、自助文印系统、自助缴费系统、自助座位管理系统、研读空间自助预定管理系统、基于RFID的自动定位系统、网络自助服务和移动自助服务。

1. 自助查询系统

自助查询系统包括高校图书馆馆藏书目的查询、电子资源的查询、座位与空间的查询以及图书馆的服务模块和流程查询等主要内容，通过自助查询终端一站式获取用户需要的信息和服务。

2. 自助文印

自助文印包括自助打印、自助复印和自助扫描。高校图书馆通常采用校园一卡通作为自助文印的身份认证方式与扣费手段，用户持卡便可在图书馆的任何自助文印点进行打印、复印和扫描。例如，北京大学图书馆为了方便用户使用，推出了基于校园一卡通的自助文印与扫描服务，用户只需凭借手中的校园一卡通，便可轻松自如地在图书馆的各个自助文印服务点进行自助打印、复印和扫描。

3. 自助缴费

自助缴费指的是用户通过自助缴费设备完成自助缴罚款的服务。用户可在校园内任意一台自助服务一体机上，使用校园卡完成缴费功能。

4. 自助座位管理系统和研读空间的自助预定管理系统

用户可以通过自助座位管理系统和研读空间自助预定管理系统在线

查询并预约图书馆和研讨空间的座位，也可以通过电话查询与预定。

5. 网络自助服务

网络自助服务是指用户通过访问图书馆网站，借助自助服务平台完成的自助服务，主要包括网上自助查询，电子资源检索、利用与获取，网上预约和续借，虚拟参考咨询，网上书刊荐购，自助网上馆际互借，在线阅读，流媒体服务等。用户通过登录个人图书馆，进行个人账户管理和个人收藏、借阅、书架等的管理。

6. 移动自助服务

移动自助服务指的是基于移动设备终端的自助服务，包括图书馆信息的查询、资源检索与获取、电子书服务、基于位置与情境的信息服务、流媒体服务、参考咨询服务等。

（二）以整合共享服务为核心的创新模式

高校图书馆、各类图书馆系统及信息服务平台都有数量众多的特色文献资源和数字资源，但绝大部分资源处于沉睡状态，既不共建共享，也不互通互联，甚至服务也处于有限开放状态，使得信息资源的获取很不便捷，这就需要打破界限，整合高校图书馆信息资源库，共建共享信息成果。

整合共享服务模式是高校图书馆信息资源服务与未来发展的需要。图书馆的数据库以及建立在人工智能基础上的知识库是图书馆信息资源服务区别于其他信息服务机构的取胜之道，其专题性、深入性、学科性、知识性的特征是图书馆成为信息资源中心的主要支撑。然而由于管理体制、方式上的障碍以及各方面的因素，大多高校图书馆的知识库、数据库无法得到有效整合，成为“知识孤岛”。在智慧时代泛在互联以及大数据的环境下，高校图书馆知识库、数据库的整合，乃至社会专业性机构、全球信息服务机构间的有效协作共享是未来高校图书馆服务发展的趋势和重要支撑。

高校图书馆整合共享模式的目标是通过资源集成共享和服务集成获取，实现跨平台的服务集成、跨时空的资源共享、跨部门的深度整合、跨馆际的物流传递，使用户可以一站式获取需要的信息资源和服务，通过集群与协同两种模式促进资源与服务整合共享。

集群服务模式包括基于平台的服务集群和基于空间的服务集群。基于平台的服务集群是指通过建立一个服务集成的平台或系统，将 Web 服务的一站式检索、资源获取、信息导航、个性化定制与推送、移动服务、空间服务、参考咨询、网络虚拟社区互动等集成一个平台，向用户直观地揭示图书馆的资源与服务；而基于空间的服务集群则是指在将图书馆的资源、服务、设备集成于同一个空间，使用户在图书馆空间内可以一站式获取图书馆的信息资源和服务，便捷地使用图书馆的设施，而不需要跨空间、跨部门获取。高校图书馆通过集群化的综合服务模式实现资源的共建性整合、集约性显示、无障碍转换和跨时空传递。高校图书馆的集群化发展趋势表现为三大特征：整合、集群、协同。在保证各个平台和空间独立运作、履行各自职能的基础上，实现数据的同步交换、资源的整合共享以及保证系统的安全性。

（三）以个性开放服务为重点的创新模式

智慧时代高校图书馆服务最主要的特征是针对用户个性化信息需求的面向此时、此地、此情境的信息服务，是根据用户环境指向特定用户特定需求的个性化服务，是无障碍接入、无障碍沟通、无障碍交互的开放性服务。个性开放模式将用户在虚拟环境下与图书馆实体环境下的信息行为结合，将馆藏文献信息与用户信息相结合，建立能系统、真实、全面反映用户个性特征和需求特征的用户模型，自动感知和识别用户的当前位置及其所从事的工作、学习、研究内容，实时、主动地为其推送关联信息并提供全方位、一站式的个性化服务。泛在互联的智慧技术使高校图书馆在服务时间、服务空间以及服务方式上得到了有效延伸，透明度更高，开放性更强，任何用户都能够随时随地以任何方式无缝接入图书馆服务。高校图书馆采取个性开放的服务模式是注重用户价值的体现，强调用户的参与交互和价值创造。开放性的服务方式是塑造开放创新空间、鼓励用户参与、整合用户智慧和塑造公共价值的关键。

个性开放服务的目标是体现用户参与的互动价值，通过用户模型分析以及用户信息行为分析，使用户的个性化需求得到最大化满足。

个性开放服务强调个性化信息环境的塑造。用户在这种个性化信息的机制和框架下可以实现个人信息的自由组织，进行无障碍的信息交流，充分满足个人要求，高效、安全、便捷地获取信息，享受优质的信息资源服务。个性化信息环境中的信息资源与信息服务基于用户所处的信息情境，针对用户个体需求，尊重用户的个性化选择，更强调关注用户本身。

个性开放服务的主要模式包括个性化知识服务和个性化移动图书馆服务，具体内容如下。

1. 个性化知识服务

个性化知识服务由整合集群的个性化知识发现平台、个性化学科服务和个性化定制与推送服务三个主要部分组成。

（1）个性化知识发现平台。个性化知识发现平台不仅能够实现图书馆自身信息资源、图书馆联盟信息资源、网络免费资源的一站式跨平台和跨地区搜索，而且能实现针对用户个人兴趣爱好、信息行为习惯、学科背景和研究重点的知识搜索和查询，实现学科化排序。

（2）个性化学科服务。个性化学科服务是针对高校图书馆用户的学科背景和研究领域提供的信息服务。例如，个人图书馆员的设置以及针对学科、研究重点向用户主动推送的学科化服务。

（3）个性化定制与推送服务。个性化定制与推送服务主要是基于 RSS 技术的信息定制与推送方式，将图书馆电子资源的增减、服务内容的调整、服务方式的变化、用户的借阅和预约情况等动态信息用户定期推送；结合RFID技术建立用户分析模型，根据用户阅读偏好、阅读习惯、阅读行为以及通过智能搜索系统获取的用户检索条件和需求进行分析，建立用户基本信息数据库、用户需求管理数据库、信息资源数据库和个性化数据库，将最符合用户信息需求特征的信息资源定期向用户推送。

2. 个性化移动图书馆服务

个性化移动图书馆服务主要是基于位置和情境的移动信息服务，同时包括移动个人图书馆服务。例如，SoLoMo移动图书馆便是利用移动终端设备，基于用户地理位置并结合社交网络特点向用户提供信息服务的一种移动服务。SoLoMo应用最大的特点是它通过用户情境信息的匹配，获得资源与用户需求兴趣的各类参数，反过来应用于资源的发现与服务的推荐，而不是直接满足用户的信息需求。社交越是充分，获取的用户情境信息就越多，就越能体现服务的个性化。用户自发建立交流空间，个性化移动图书馆服务支持用户在空间中的各类相关活动，实现图书馆虚拟空间和实体空间的立体互联和高效融合。

第三节　智慧时代高校图书馆服务创新基本路径

一、构建基于第三空间的高校图书馆创新服务

（一）树立高校图书馆作为第三空间的建设与发展理念

1. 彰显图书馆使命、文化与社会职能

高校图书馆作为第三空间，不仅是知识资源储存地和传播媒介，也

是高校用户了解历史、文化和社会动向的场所，具有满足用户娱乐和社交需求，为人们的交往需要以及各种事务讨论提供共享空间和服务的职能。

2. 创建用户活动中心圈

高校图书馆第三空间构建的目标是形成用户的信息中心、发展中心、展览中心、社交中心、文化艺术中心，是用户宿舍、教室之外的学习、工作、生活、娱乐和社交的最佳去处。

3. 实现高校图书馆物理场所功能再造与创新

发挥高校图书馆作为场所的价值，整合图书馆内外空间，关注、提升、创新图书馆内外空间的价值，形成信息空间之外的多元空间。

4. 注重用户参与

高校图书馆第三空间不仅要集聚信息资源，还要形成用户的知识交流中心，吸引、引导用户参与空间塑造和知识创造，满足用户需求，体现用户智慧。例如，建设学习共享空间来鼓励用户讨论参与。

5. 构建连接馆员与用户、用户与图书馆资源、活动和服务的通道

第三空间连接讲座、报告厅、培训中心、发展中心等场所，通过开展多元化服务与活动将用户与图书馆、用户与馆员、用户与用户之间紧密联系起来，互联互通，交互共享。

（二）合理布局与规划高校图书馆第三空间

高校图书馆第三空间的建设通常采用设置一整层楼或者与图书馆其他功能区域相联系与互通的大开放空间，甚至以一整栋楼为其存在形态。一处环境优雅、气氛宽松、服务周全兼具知识交流与服务的图书馆

第三空间，其建设需要空间元素的合理布局与规划作为基础，具体可分为以下几个区域。

1. 书库贮存区

制定合理的馆藏密度指标、库藏密度指标、库馆面积比指标，合理规划高校图书馆馆藏资源布局，为空间服务提供资源保障。

2. 学习支持区

学习支持区主要由学习共享空间组成，包括个人自习区、合作研讨区、参考咨询区以及多元学习中心（语言学习中心、写作中心等），配备相应的学科咨询馆员，为学生交互协作的参与式学习、情境教学、个人研究提供环境支持和知识服务支持。其中，学习共享空间是高校图书馆第三空间建设的重要内容，与图书馆为高校用户提供学习、科研支持的主要任务紧密结合，同时是情境教学、交互参与式学习的重要实践，与智慧课堂、智慧校园的建设相辅相成。

3. 活动支持空间

活动支持空间由展览区、会议区、演讲厅、多功能厅、影视厅、学术活动厅和活动举办区组成，以开展沙龙、讲座、读者见面会、音乐会、培训课程等项目和活动为主要形式。

4. 全媒体服务与体验空间

全媒体服务与体验空间是指集聚流媒体资源和多媒体技术的空间，如上海图书馆“创·新空间”的全媒体交流体验空间为用户提供了大型创意数字化展示平台，使用 20 点触控技术，展示创意设计作品，分享各类主题文件，提供动作感应式智能互动功能，向观众提供有针对性的信息，通过智能桌面触摸屏创意台，为用户交流、创意风暴提供多种沟通方式。

5. 咖啡空间

咖啡空间其实是一个宽泛的概念，旨在为用户提供一个集美食、休闲、放松、社交于一体的生活空间。高校图书馆还可将休闲式阅读和真人阅读引入咖啡空间，使用户在放松的同时，获取精神层面的对话和知识共享。

6. 泛空间

泛空间存在于高校图书馆的走廊、角落、台阶、馆内庭院等可以利用的空间场所，设置舒适的桌椅、沙发，通过人性化、富有创意的设计和布局，使用户的身心得到放松，享受自由空间的服务理念。

7. 艺术与创意空间

艺术与创意空间是指集聚艺术资源、艺术创意人才的展示与交流空间。例如，新加坡国家图书馆的UnLibrary项目，通过馆员与用户的参与协同与合作设计，创建了超越传统图书馆的新空间。该项目邀请与创建空间主题相关的专业人员、艺术家和感兴趣的用户，选定场所，共同主持创建基于该主题的一个新空间项目，将相关主题资源和用户引进新空间，引进图书馆。

（三）优化资源布局，提供技术与设备支持

资源布局的优化包括实体资源布局优化与资源服务能力提升两个方面。首先在资源布局上尝试由以对信息的分类和聚集为核心转变为对以空间的分类与知识、思想聚集为核心，形成能够整合信息资源，提供休闲、创意、活动、社交等多元化功能与服务的新型高校图书馆服务模式，如根据书籍的书名和尺寸进行分类排架，这种方法占地面积仅为常

规书库的七分之一。其次参考咨询服务能力与文献提供能力是第三空间内知识服务和交流的重要支撑与保障，有利于促进空间服务水平与服务质量的提升。知识文化交流空间是高校图书馆第三空间的主要构成部分，应该注重提高参考咨询的质量和文献资源的服务能力，完善学科馆员服务体系，建立馆员知识工作者社区，优化馆藏资源，建设专题服务、多媒体资源服务以及图书馆本地资源特色化服务，为用户提供一站式的知识服务。

高校图书馆第三空间技术与设备的支持主要包括 RFID 技术、无线移动网络技术和云服务等技术支持，以及多媒体视听设备、计算机、检索终端、自助文印设备、缩微设备、教学投影仪等设备支持；旨在为用户提供自助、智能、高效、便捷、全方位、一站式的服务。

二、开展基于物联网技术的高校图书馆创新服务

（一）开展基于智能馆舍的智慧环境服务

采用物联网技术架构的高校图书馆馆舍，是一个集故障分析、设备监控、能耗管理、物业管理的智能化平台，能实现对照明、设备、环境、安防等设施的智能化控制及统一管理。分布式的温度传感网络、照明传感网络能够对图书馆室内的温湿度、照明、光亮进行实时监控和调节，馆内的光敏传感器能够根据室内外光线的强弱自动打开与关闭光源，自动调节灯光亮度和窗帘的开启程度，在实践智慧时代绿色节能发展理念的基础上为用户营造舒适的学习氛围、阅读氛围。一个舒适化、智能化的图书馆环境能够使用户身心得到放松，更好地与图书馆空间融合在一起，与图书馆服务融合在一起，大大提高了用户的学习效率，同时图书馆的服务效果也得到了更好的提升。

(二)优化与拓展基于 RFID 技术的图书馆服务创新

物联网技术在图书馆的服务创新应用还处于初级阶段,目前以 RFID 技术的应用为主,主要可以通过以下几个方面来实现高校图书馆的服务创新。

1. 自助服务

通过基于 RFID 技术的自助借还机、24 小时自助图书馆等服务系统,用户可以完成图书的自助借还;应用 RFID 技术还能实现对图书文献馆藏位置的精确定位和三维导航,用户只要通过 OPAC 终端或者移动设备终端显示最优路径,便可轻松找到所需的图书文献。

2. 个性化服务

通过 RFID 技术可以获取动态的借阅数据,记录文献的利用历史和阅读历史,通过数据的累积,分析借阅量、借阅策略的影响因素以及用户的阅读偏好和阅读行为习惯,从而合理规划馆藏资源布局,实现资源建设的动态管理,改进文献流通策略和创新方案,提高文献流通率。

RFID 技术通过对用户的访问内容、停留时间和频率进行感知和分析,提供用户利用文献的统计信息以及大量有关用户信息行为的信息。高校图书馆根据这些信息可以进行用户阅读偏好和阅读习惯跟踪,以此建立反映用户个性特征和需求特征的用户模型,预测用户的信息需求发展趋势,为用户提供实时主动的个性化信息服务;通过数据挖掘和分析,实现服务的智能评估,分析图书馆的服务项目与用户接受度的关联度,进而优化图书馆的服务内容。

3. 资源共享

在区域合作范围内推行 RFID 标签的使用,统一 RFID 标签的使用标准，以实现区域性的资源整合和共享、服务集成和共享、文献流通和传递。例如，上海交通大学、清华大学、香港城市大学图书馆联合成立的高校图书馆 RFID 技术应用联盟，明确了图书馆之间对于 RFID 的共同需求和规范，在此基础上，图书馆可以提出自己的个性化需求，与厂商签署协议，成立研发基地或者研究实验室，从而得到真正符合自身需求的 RFID 技术和产品。

4. 自动定位和导航服务

基于 RFID 技术开发文献导航定位系统，突破专业索书号和排架方式的限制，帮助用户直接获取文献的馆藏位置，快速找到文献，实现用户自主查找和获取文献，并且实现灵活多样的排架，建立个性化图书馆区域。用户利用各种手持设备，通过自动定位和导航服务即可轻松地获取图书的馆藏位置，而不受图书馆错架、不在架的影响，避免了精确查找文献耗费的大量时间和精力，并且用户的微机终端或者移动终端可显示到达文献位置的最佳路径，引导用户轻松找到所需书籍。

5. 多维交互服务

RFID 可与智能手机的 SIM 卡结合，提供基于移动智能手机等手持移动终端的智能借阅、查询、定制、账户交易、导航定位的智能移动服务。

三、构筑高校图书馆服务创新云

（一）构建高校图书馆云数据库

将全球众多的高校图书馆信息与资源互联互通，把不同位置上、不同类型的信息（包括纸质资源、电子资源、多媒体资源）、不同种类的知识库（个性化知识库、专业知识库、专题知识库、学科资源库、特色资源库），按照统一协议和标准储存、处理、整合与关联，共享网络、服务器、存储及应用软件服务，消除信息孤岛，构建高校图书馆云数据库。不同图书馆与用户可以通过网络，按需获取信息资源，实现网络虚拟环境下信息资源的最大化共享协同。

（二）开发与拓展高校图书馆的云终端应用功能

高校图书馆的云终端应用功能的开发与拓展主要包括以下几点。

1. 建立统一的云检索平台

通过建立统一的云检索平台，实现高校图书馆强大的计算功能及数据处理功能，在短时间内迅速处理海量数据并给出反应，用户能够快速、便捷地得到需要的信息，并且实现统一检索，用户只要一次搜索，便可以快速获得本地图书馆馆藏信息、联盟馆藏信息、网络数据资源以及全球联合目录等信息，还可以参与当地、联盟、全国乃至全球的馆际互借和资源共享服务。

2. 开发统一校外访问软件

高校图书馆的电子资源大多被限制在校内使用，这就对许多住在校外的师生造成了不便，开发统一的支持校外访问的软件平台，能够使他们在任何时间、任何地点通过网络使用图书馆的资源。

3. 实现联合虚拟参考咨询

高校图书馆应该加强合作与共建，为用户提供参与式、协作交互的虚拟参考咨询服务。在云计算技术的推动之下，各高校图书馆可以通过协同的方式合作开展数字参考咨询服务，利用实时交互技术，实现最大化的资源共享、技术共享、服务共享和专家共享。例如，CALIS 三期项目中的 CARS 参考咨询子项目。高校图书馆的联合虚拟参考咨询可以借鉴 OCLC 的 QuestionPoint 项目的服务模式，分为前端服务系统与后台支持系统，主要通过 Web 界面来回答、管理和跟踪用户提出的问题，对于用户提出的无法回答的问题，则启动虚拟参考咨询系统中的用户管理器，自动转发给其他成员馆回答，并且提供项目使用的统计与分析功能。

4. 创建图书馆的云门户界面

建设高校图书馆统一的云门户，实现高校图书馆联盟的统一身份认证、统一检索平台，完善馆际互借与原文传递服务以及联合虚拟参考咨询服务，整合图书馆自身的馆藏、设施、人员、用户资源以及外部资源。首先实现图书馆馆际资源的整合，进而实现与出版商、数据库加工商的资源整合，形成规模化的高校图书馆资源池。

5. 开展知识型服务

通过多种渠道挖掘用户对图书馆资源与服务的使用偏好及其潜在需求，对海量的用户使用记录进行实时准确的跟踪和挖掘，提升图书馆云服务的动态数据处理能力，高效满足用户显性知识需求，主动挖掘其隐性知识需求。高校图书馆在应用云计算技术构筑图书馆云的过程中，由于图书馆自身资金、人力的限制，以及当前云计算技术本身发展尚未完善，会遇到应用物联网技术实现服务创新过程中面临的同样的问题，如资金问题、技术问题、规范与标准问题、安全隐私问题以及相关政策问题；因此高校图书馆在制定云服务战略的过程中，需要结合自身条件，综合考虑以上问题，因地制宜地制定与开展相关战略与计划。

四、优化与创新高校图书馆知识服务

高校用户普遍关注学科发展趋势和国内外学科发展的最新动态，对相关学科的专题报告、前沿动态、查新、数据统计等相关的专业信息资

源需求较大，强调文献资源的全面性、专业性、系统性、前沿性和持续性。高校图书馆知识服务要以高校用户的需求为导向，提供面向用户目标的服务。需要注意的是，高校图书馆的知识服务不仅要能满足用户明确清晰的信息需求，更重要的是开发能够切合用户模糊的信息需求或者尚未意识到的信息需求的知识服务。

（一）完善学科馆员服务制度

首先在图书馆组织结构管理上，将学科馆员制度化，保证学科馆员的核心地位和价值；其次学科馆员需结合自身的专业知识和技能，利用智能技术，持续深入了解其负责专业用户的信息需求，融入用户的教学、科研与学习活动，融入用户的知识应用环境，主动、积极地开展学科知识服务，主要包括：建设学科信息资源库，根据其负责的学科，组织管理馆藏资源、网络资源、数据库资源以及各种服务系统，利用智能技术，提炼、分析、整合资源，挖掘、发现、揭示相关学科知识，组建含有自身经验或者思维成果的学科专业知识资源库；建立学科信息门户平台，建立智能化的虚拟服务平台，集学科信息资源库、学科信息资源导航、专业化网络检索工具、专业咨询频道等于一体的平台，创建交互、协同的学术交流环境与资源发现网络；推广高校图书馆的学科馆员服务，培养用户的知识需求意识，使知识服务覆盖全面化、利用最优化、效益最大化，

（二）优化参考咨询服务模式

1. 深度挖掘隐性信息需求，提供层次化的参考咨询服务

通过虚拟或者与用户面对面的交流，对用户需求进行分析，努力挖掘用户的隐性信息需求，引导用户尚不确定的或者尚未意识到的信息需求的表达，进而确定用户需求的层次，以选择层次化的信息服务模式。

对于属于相关学科范围内的用户信息需求，则通过汇总问题，提交给相应的学科服务团队，进一步制定知识服务解决方案，提供用户满意的知识产品或服务。

2. 优化参考咨询服务的方式和深度

集成馆内馆外知识资源、人员、技术、系统和服务，提高参考咨询服务的服务效率，应用云计算技术开展网络合作虚拟参考咨询服务，提供多种参考咨询入口，利用强有力的分析组织技术以及馆员专业知识和专业能力实现对内容的有效分析和重组，提供针对用户问题的知识信息和解决方案。

（三）深化专业化知识服务

专业化知识服务模式主要包括专题服务和定题服务。专题服务是根据用户委托的某一项目、课题、教学、学习的需要，对馆藏资源、网络资源等进行检索，以书目、索引、文摘等形式提供一套完整的资料或知识产品给用户的服务；定题服务是根据特定用户的科研项目、专业建设、学习研究的知识需求，围绕主题开展的针对性的跟踪服务。当前高校图书馆的专业化知识服务存在知识产品整合度低、专题情报检索能力相对薄弱的问题。高校图书馆在专业化知识服务的构建过程中应当主动与用户沟通，明确用户的知识信息需求，并且对用户开展的科研项目、学科建设、科研研究的背景、内容、方案、要求等进行深入的了解和掌握，进而设计知识服务方案、制定服务策略、建立定题数据库，通过个性化平台向用户主动、实时推送动态、信息、最新研究成果，提供知识产品和服务，为用户的科研项目、专业建设、学习研究提供足够的信息支持。

（四）创新个性化知识服务

1. 创建个人数字图书馆服务

通过对用户的兴趣爱好、专业背景、研究兴趣进行智能分析，构建用户分析模型，建立高校图书馆个性化的用户界面，提供针对具体用户的个人系统界面。开发知识服务系统的个人化处理功能，根据用户的使用情况分析检索要求，优化检索过程，筛选检索结果，集成个性化界面和其他服务，形成个人图书馆。提供信息资源和知识产品的定制服务、个性化的网页布局、个人图书馆的账户管理，根据用户的信息需求和信息行为特点以及所处的信息环境，实时推送相关信息和知识服务。

2. 构建泛在知识服务平台

泛在知识服务是高校图书馆知识服务在智慧环境下的发展趋势。泛在知识服务平台是一种智能化的泛在技术系统，将用户的各种移动设备终端通过无线网络连接起来，将图书馆知识服务延伸至用户的移动设备当中，保持用户和图书馆之间的全天候的知识应用和知识交流环境，可通过借鉴泛在计算技术的移动便携模式、数字设备模式、智能交互模式三种主要的实现模式来构建高校图书馆的泛在知识服务平台。构建基于移动终端设备的泛在知识服务，实现随时随地、不受时间和空间限制的图书馆知识服务。

3. 注重知识的智能化聚类，组建知识网络

高校图书馆在个性化的知识服务过程中要注重知识的智能化聚类，组建知识网络。通过采用智能化手段，针对用户的信息需求，将各种显性资源与隐性资源挖掘和提炼出来，对各类信息数据库进行智能化聚类，得到特定课题的知识元，并将提炼出的知识元组成相互关联、相互

印证的知识元数据库，并与各种数据库的全文进行链接，构成表示知识概念及其联系的知识网络，形成知识地图，形成知识资源的导航系统。知识网络不仅包括知识要素，而且提供有关人、时间和地点的线索，为用户提供简明、直观的知识揭示和发现服务。

第七章　高校图书馆服务营销策略分析

第一节　高校图书馆服务营销诠释

市场营销是企业的一种有目的、有意识的活动，通过引导和满足用户的需求，最终达到企业效益的最大化。服务营销，则强调通过提高服务质量来提高用户的满意度，树立企业在用户心中的良好形象，从而增进与用户之间的关系，最终达到营销目标。这里所说的用户包括潜在用户、长期用户和支持者等。服务营销的核心在于用户至上、服务先行，具有长期的效益性、稳定性、效率性等特点。

高校图书馆服务营销就是以用户需求为导向，以引导和满足用户的需求为目的，以提高服务质量为手段，以用户的满意为核心理念，真正做到以人为本、服务效益的最大化。

随着社会经济的发展，非营利性组织的竞争压力日益增大，成本上升、用户满意度下降、用户减少、资金短缺等问题凸显。为了提高效益，一些非营利性组织加强了对营销策略、营销方法的应用。不管是在医疗、教育领域，还是在政治团体、图书馆管理和社会服务领域都逐渐接受了服务营销理念，开展了针对性的营销活动。

高校图书馆丰富的馆藏和优质的服务只有在适当的时机为用户所用，才能真正实现其价值，不造成资源的浪费，尤其是一些时效性很强的电子期刊、付费的数据库。高校图书馆开展服务营销的目的就是对读者的需求进行探求，并通过有效的方式来提供优质的服务和高质量的文献信息资源，满足读者的需求。高校图书馆首先要进行调查，定位目标用户，发现潜在用户，确定用户的行为特征和实际需求，再结合图书馆的馆藏现状、服务能力来制定和执行服务营销策略，以达到提高馆藏利用率和读者满意度的目标。服务营销观念和策略的引入和应用不仅能提高图书馆的服务效益，还能影响读者对图书馆的接纳和认同，进而使其对图书馆的品牌、形象、服务持有良好的态度，最终实现高校图书馆和师生之间的良性互动。

一、高校图书馆实施服务营销的必要性和可行性

（一）高校图书馆实施服务营销的必要性

1. 外部环境的压力

随着数字化技术的不断发展和知识的不断创新，高校图书馆面临的竞争更加激烈。高校图书馆已经不再是学生获得文献信息的唯一中心，数据库供应商、商业化的信息传递机构、免费信息服务提供者等都是高校图书馆强有力的竞争对手。因此，高校图书馆必须对用户的信息需求和行为特征进行深入的分析，引入服务营销理念和策略，吸引更多的用户，提高竞争优势。

2. 高校图书馆可持续发展的内在需求

面对各方面的竞争，高校图书馆只有提高服务水平，才能立于不败之地。但目前高校图书馆的建设和发展受到了诸多因素的限制。首先，在资金方面，高校图书馆作为非营利性组织，缺少创收渠道，很多馆面临着资金不足而用度巨大的两难状况。高校图书馆开展服务营销工作，一方面可以提高图书馆的认知度，扩大用户范围，获得相应的信息服务

收益；另一方面，通过联合活动、馆舍取名、服务培训等营销活动，积极地与政府单位、数据库供应商、学术研究院等进行合作，从而获得资金和硬件方面的支持。其次，在高校图书馆的资源利用率方面，高校图书馆的许多数据库使用率不高，造成了资源的严重浪费。而引入营销的理念和策略，并在高校图书馆中进行创造性的运用，可以有效解决这一问题。高校图书馆可以借鉴国外的一些做法，通过各种服务营销方式来宣传图书馆新的资源和服务。

3. 高校图书馆用户需求变化的要求

高校图书馆的服务对象主要是在校师生，图书馆的存在价值和发展前提就是师生的满意度。2023 年 3 月 2 日，中国互联网络信息中心发布了第 51 次《中国互联网络发展状况统计报告》。《报告》显示，截至 2022 年 12 月，中国网民规模达 10.67 亿，较 2021 年 12 月增长 3549 万，互联网普及率达 75.6%。十亿用户接入互联网，形成了全球最为庞大、生机勃勃的数字社会。这一系列的数据表明，网络化、数字化、移动化是当前用户阅读的发展趋势，搜索引擎是用户进行信息活动的主要渠道。个性化、多元化、便捷化成为用户获得信息的主要需求。因此，高校图书馆必须重视网络环境下的营销创新，积极利用新的营销方式，如微博营销、RSS 营销，事件营销、移动图书馆营销等，来引导并满足用户的需求，提高用户满意度。

（二）高校图书馆实施服务营销的可行性

1. 高校图书馆具备营销优势

首先，在信息资源方面，高校图书馆除了具有门类齐全、内容新颖、专业性强、系统完整的传统印刷性文献外，还有大量的数字资源。这些数字资源便利性强、没有时间和空间限制的特点，迎合了读者的需求，为高校图书馆开展服务营销工作奠定了坚实的基础。

其次，在专业人才方面，目前高校图书馆除了拥有一批业务扎实的工作人员队伍，还有学校的专家、学者、教授等高素质人才，他们对信息的分析和研究能力较强，是高校建设和发展的中坚力量。他们和高校图书馆是合作共赢的关系，两者可以相互促进、共同发展。专家学者在科研过程中对高校图书馆的利用无疑会提高图书馆的资源利用率。高校图书馆的人力资源保障，是一般的信息服务机构不可比拟强大竞争优势。

最后，在基础设施方面，高校图书馆的高新科技设备更加先进和完善。数据库提供了海量的信息，信息检索工具提供了高效便捷的信息检索方式，音响视听设备、计算机提供了多样化的信息获取途径，这一切都是信息采集、处理、存储及深度加工的基础，是高校图书馆开展服务营销的有利条件。

2. 服务营销理念适用于高校图书馆的发展

首先，顾客的满意是服务营销的核心理念，高校图书馆中的服务营销就是要是以用户需求为导向，以引导和满足用户的需求为目的，以提高服务质量为手段，以用户的满意为核心理念，真正做到以人为本，实现服务效益的最大化。从这一点来讲，营销和高校图书馆服务有着相通之处，引入营销理念来研究图书馆服务是完全可行的。

其次，营销更强调自觉性，不再是“酒香不怕巷子深”，坐等用户上门，而是走出去、迎进来，不仅要满足顾客需求，更要引导顾客需求。随着经济的发展和社会的高速度运转，企业面临的市场竞争愈加激烈，如果不通过各种渠道宣传企业的优质产品，必将被消费者忽视以至于被淘汰。而高校图书馆同样面临其他信息服务机构的竞争，只有增强自觉性，增强营销观念，执行营销策略，才能提高高校图书馆的形象和声誉。

最后，营销强调计划性和执行力。营销的基本流程包括市场机会分析、市场细分、目标市场选择、市场定位、营销组合、确定营销计划产品产、生执行和控制、售后服务和信息反馈。在这一流程中，完善的计划和高效的执行是营销获得成功的关键。

二、高校图书馆服务营销中存在的问题

（一）对服务营销的重视程度不够

高校图书馆领导和馆内工作人员对服务营销的重视程度不够，主要表现在以下几方面。多数图书馆没有设立营销部、公关部或者宣传部来专门负责图书馆的营销工作。有些图书馆开展了资源宣传和服务推广活动，但并非专门的服务营销活动也没有指定专门的馆员来负责；许多馆员没有接受营销课程方面的培训，也没有图书馆营销方面的工作经验。他们以为图书馆营销就是宣传图书馆的资源和服务，只有少数的馆员认为服务营销是引入营销理念，实现图书馆服务效益的最大化。许多高校图书馆没有完整、系统的图书馆营销规划，也没有开展服务营销效果的评估。

（二）图书馆服务营销人才缺乏

在专业人才方面，高校图书馆一般都拥有一批有专业信息素养的工作人员队伍，他们专业基础知识扎实、信息传播经验丰富，但是真正理解图书馆服务营销理念并善于在实际工作中运用营销技巧的馆员并不多。他们中有许多人没有接受服务营销方面的教育和专门培训，这已经成为高校图书馆开展服务营销工作的障碍。对大多数图书馆而言，他们的困难是缺乏市场营销和销售技巧。所以，高校图书馆必须以服务营销为契机，加大人才的培养力度，积极打造一支既掌握先进的信息技术、有现代化的管理思想，又善于服务营销的人才队伍。

（三）缺乏有效的图书馆服务营销评估体系

高校图书馆开展的服务营销活动，只有经过评估才能知道营销效果如何，才能发现自身的优点和不足。然而，国内的许多高校图书馆虽然开展了服务营销活动，但没有制定严格的评估体系，图书馆服务营销的效果如何，有哪些成功之处，有哪些不足之处，这些都很少有人过问。

第二节　高校图书馆服务营销实证

一、广西科技大学图书馆“书香吧”服务营销案例

（一）案例介绍

“书香吧”位于广西科技大学图书馆一楼南面，占地350平方米，放置了2000余册中外经典图书。“书香吧”建设之初的灵感来自深圳图书馆的“南书房”。“书香吧”作为广西科大图书馆服务营销打造的重点项目，具有很多亮点。在装修设计上，鼓励学生原创设计，将土建学生的设计作品融入其中，力求突出重点、色彩活泼、灵动飘逸、符合年轻人的风格，营造温馨舒适的阅读环境；在阅读方式上，“书香吧”倡导经典阅读、休闲阅读、纸质阅读、轻音乐阅读、深阅读；在运作方式上“书香吧”采用“高校图书馆＋社会资源”合作的方式，以优质馆藏为主，同时积极引进其他优秀的文献资源和人才资源，展现学术风采；在服务项目上，读者不仅可以赏析经典图书，馆员还会定期策划开展各种类型的阅读推广活动，实现有限空间的高效利用。它既是舒适优雅的阅读空间，也是图书馆与读者互动交流的场所。

（二）“书香吧”读者目标市场的细分与定位

“书香吧”根据不同的读者设计出不同的阅读推广营销活动。针对进入“书香吧”的读者群体的不同，制定出不同的营销组合。归纳起来，“书香吧”的读者目标人群主要分为以下三类。

1. 普通高校师生

这类读者群体是高校图书馆的主要用户。随着时代的发展，高校师生对读书环境的要求也越来越高，“书香吧”空间的开辟正好满足了他们对高校图书馆提供阅读场所和娱乐休闲的需求。“书香吧”一度成为广西科技大学图书馆各个阅览室和书库中最受读者欢迎的库室，师生对“书香吧”的环境和开展的阅读推广活动给予了高度评价。

2. 重点科研项目组成员

这类读者群体对信息资源的广度和深度以及信息讨论空间的要求相对较高，要求既能提供舒适优雅的环境，又能提供讨论所必需的现代化设备。“书香吧”设置在图书馆内，能够及时满足读者对信息资源查找的需求，同时“书香吧”专门开辟了一片讨论区域，配备电脑、投影仪等相关设备。此处已举办多场重点科研项目的学术沙龙活动，取得了良好的效果。

3. 校外的单位和个人读者

这类读者群体统称为社会读者。对校外单位而言，利用“书香吧”的主要方式是联合广西科技大学图书馆共同承办相关的主题活动。近年来，广西科技大学图书馆邀请了柳州市法院系统、柳州市科协等单位共同承办了法律走进大学校园、大学生心理健康知识等相关主题沙龙活动。对于校外的个人读者，广西科技大学图书馆制定政策，允许并鼓励校外个人单独到图书馆办理图书证。所有进入图书馆的校外读者，凭图书证即可进入“书香吧”，“书香吧”不再设置单独的门禁系统。这类读者就目前而言不是高校图书馆最重要的读者目标市场，但是从高校图书馆整体发展而言，这类读者是需要开拓的读者目标市场。高校图书馆需要不断引入社会资源和社会读者，以便发挥其在城市文化建设中的引领作用。

（三）“书香吧”的品牌产品营销

高校图书馆通过丰富多彩的阅读推广活动给广大师生提供了锻炼和施展能力的平台。相关学者将阅读推广的服务与产品进行了分类，分为社会实践类、文艺类、志愿者活动类、体育类、科技类以及其他类。“书香吧”如何整合各类活动，打造独具特色的品牌活动，吸引更多的师生参与进来，是一个亟待解决的问题。为此，“书香吧”设计了读者调查问卷，得知读者喜爱的前三类活动是社会实践类、文艺类、志愿者活动。因此，“书香吧”在设计阅读推广相关服务产品上，应该提供多元化的服务与产品，尽量使自己的产品或者服务有别于其他竞争者，结合广西科技大学实际情况，树立自己的品牌。近年来“书香吧”打造的阅读推广品牌活动有“雷锋号”志愿者服务基地、图书漂流角、角色扮演游戏之“书香吧”寻宝、读书分享会、沙龙活动、好书推荐等。

1.“雷锋号”志愿者服务基地

2014 年在“书香吧”里，广西科技大学图书馆、校团委联合举办了学雷锋志愿者服务活动启动仪式，学校纪委书记、校团委书记、图书馆老师以及学生代表近 200 人参加“雷锋号”志愿者服务基地属于社会实践类和志愿者活动，该基地为贫困学生提供了一个社会实践的平台。从此拉开了“书香吧”库室完全交由读书协会和勤工助学的学生进行自我管理的序幕，此举深受学生喜爱。

2. 图书漂流角

图书漂流角是社会实践类和志愿者活动。广西科技大学“书香吧”进行漂流的图书有两种，一种是毕业生捐赠的教科书，一种是师生手中自藏的好书。教科书可以让给在校师生无条件地取走，而好书的漂流则需要号召同学们踊跃分享。同学们自愿将自己喜爱的某一本书投放到“书香吧”的“图书漂流角”，如果有其他读者喜欢，便可取走，同时用自己的一本书来替换，借阅完后按照提示，可以将书还回，或者继续以同样的方式无限漂流下去。图书漂流不仅可以使图书在漂流的过程中发挥价值，还能帮助学生分享阅读的喜悦，树立共享意识。

3. 角色扮演游戏之“书香吧”寻宝

角色扮演游戏属于游戏类活动，该活动主要针对目前高校校园里许多学生利用图书馆查找资源存在困难这一现状。广西科技大学图书馆开展“书香吧”寻宝这一角色扮演游戏，结合学校开设的文献检索课程内容，旨在培养学生自我学习的主动性和积极性。该活动将找书比赛设置成游戏的形式，将故事情节的各个角色进行分解，每个角色都有需要完成的一个任务，每个任务都以书面形式夹在需要找的书的书页中，最终完成任务最快的同学将获赠找到的同名经典图书。这样的找书比赛活动拉近了读者与图书馆的距离，同时也使“书香吧”中的经典图书通过角色扮演游戏让同学们有了更进一步的了解。

4. 读书分享会

读书分享会属于文艺类阅读推广活动，它是与读者一起进行深阅读的一种阅读推广的新形式，它打破了传统阅读推广活动中只管灌输不注重交流的方式。广西科技大学图书馆充分发挥青年教师的优势，指导学生成立了读书协会。读书协会在图书馆老师的指导下，先后举办了相关主题的读书分享会。该活动以“书香吧”为交流阵地，为同学们搭建沟通的桥梁，一群热爱阅读的人相聚一堂，以书会友，畅谈自己喜欢的作家和作品，交流读书心得，在你来我往的互动中碰撞出思想的火花，共同感受文字的魅力。

5. 沙龙活动

沙龙活动分为学术沙龙和主题沙龙两大类。学术沙龙是指广西科技大学图书馆联合校科技处，结合各学院研究的各项重点课题和项目，邀请相关专业的教授、博士生、硕士生齐聚“书香吧”，就大家共同的研究领域进行研讨。“书香吧”先后举办了材料科学、医学基础研究及医学跨学科合作、图像处理与医学影像技术、科大科研畅想等不同主题的学术沙龙。主题沙龙是每个月定期在“书香吧”开展的活动，图书馆邀请具备相关专业知识的教师或优秀学生作为主讲嘉宾，讲解某一主题相关知识并分享自己的生活经验。目前已举办了法律走进校园、动漫经典影视作品赏析、文学作品赏析、数码摄影漫谈、理性对待恋爱、有效沟通、沙画艺术、英语角遇上书香吧等主题沙龙活动。

6. 好书推荐

每次读书分享会和主题沙龙活动策划前，图书馆书库老师会主动配合，从图书馆各书库中找出与活动相关的书籍推荐给大家，并制成海报的形式在活动前一周摆放在图书馆大厅，活动当天将推荐的好书转移到书香吧活动的现场。根据活动前后推荐好书的借阅量数据对比可得知，活动后推荐图书的借阅量有显著的提高。

（四）“书香吧”的营销渠道

对于图书馆这样的非营利性团体，应该将各种媒体作为营销渠道，积极提供素材给媒体进行宣传报道。只有让更多的读者和公众知晓并积极参与其中，才能最大限度地发挥“书香吧”各种服务和产品的作用。具体而言，主要可以通过以下几种方式作为“书香吧”的营销渠道。

1. 全国性媒体与地方性媒体

利用重大节日或者重大事件在“书香吧”组织阅读推广活动并利用全国性的媒体进行报道宣传。结合各种节日契机，广西科技大学图书馆在“书香吧”都会举办各种类型的相关主题活动。例如，世界读书日期间“书香吧”先后举行了“雷锋号”志愿者服务基地挂牌仪式，邀请柳州铁路法院刑事审判庭庭长做“法律走进校园”主题沙龙。这些结合重大节日的活动受到了中国图书馆学会网站的报道。加大对地方性媒体的宣传力度，密切关注城市文化建设，将“书香吧”相关的活动与柳州市公共文化体系的建设规划结合起来。按照建设书香龙城的相关要求，广西科技大学图书馆联合柳州市图书馆邀请广西作家协会教授进行“阅读与书评知识讲座”等活动。广西科技大学“书香吧”系列活动受到了《南国今报》《柳州日报》以及柳州市新闻广播等媒体的关注。

2. 校园媒体与其他宣传渠道

充分利用各种校园媒体，保证阅读推广活动在学校范围内的广泛宣传。做好在校师生的宣传工作是高校图书馆吸引新读者最行之有效的方式。广西科技大学图书馆加强了对所有的活动在校园网站上的宣传，每次活动结束都会撰写新闻稿发到学校网站、广播站和微信公众平台进行报道。除了利用报纸、电台、电视和网络进行宣传，“书香吧”仍保留传统的纸质宣传以及制作小礼品的宣传方式，如将“书香吧”开展的服务和活动做成海报张贴在图书馆门口和人群聚集的学生宿舍区域，将活动宣传册散发到各个学生宿舍，将宣传材料做成小礼品——印制成书签、易拉宝和明信片等免费发放。活动结束后编制成小册子和视频材料进行宣传和推广。

二、沈阳理工大学图书馆讲解员大赛项目营销案例

（一）案例介绍

如今的图书馆已经从传统的以收藏文献资源为主转变为以提供信息化服务为主，强调主动出击，走出去服务。在信息服务业飞速发展、用户获取信息渠道多样化的环境下，图书馆营销推广措施显得尤为重要。如何让更多的读者认识图书馆，了解图书馆服务，进而利用图书馆，是图书馆不断思考的课题。沈阳理工大学图书馆的营销活动自 2009 年阅读推广工作开始，最初以每年的 4 月 23 日读书日为契机，举办系列推广活动，活动有设计书签、读者问卷调查、图书推荐、知识竞赛、读者培训、定制讲座、图书漂流等。随着阅读推广工作开展的深入，推广工作范围和内容逐渐扩大，包括毕业生离校签名活动、新生入学季迎新活动等。其中讲解员大赛项目自 2013 年开始，至今已有 10 年，是坚持最久、效果最好的项目之一。

沈阳理工大学图书馆讲解员大赛最初策划的活动之一，是为了辅助图书馆进行新生入馆教育，缓解图书馆馆员在新生入馆教育工作中人力不足的问题。项目最初以招收在读大二年级学生为主，通过项目运营后，参与讲解员选拔的同学热情度越来越高，有的读者在升入大三后仍愿意参加讲解员活动，影响力逐渐增大。经过 8 年的积累和实践，讲解员活动已经拓展成一个系列项目，包括 2020 年，图书馆还利用互联网组织了线上讲解员选拔赛。沈阳理工大学图书馆每年在读书月期间举办讲解员大赛，选拔大学生图书馆讲解员，选拔的过程本着推广图书馆资源和服务的原则，选拔的讲解员要熟悉图书馆功能与服务，并具备宣传推广才能。大赛从最初的报名筛选，到入围后的选手参加初赛和复赛，为期一个半月左右，最终选拔出 30 人，组建成讲解员暨阅读推广团队。团队组建成功后在当年的新生入学季，将组织、带领新生参观图书馆并

进行讲解，使新入校的学生能快速了解如何使用图书馆资源。讲解员负责组建新生群，解答读者对图书馆的日常咨询问题，每一届建立的新生群人数在600人以上，有专门的管理员负责解答问题，持续到大四毕业，这就使得图书馆的服务深入到了学生的日常交流。此外，讲解员团队还负责一些图书馆资源与服务的推广、图书交换等一些有助于读者利用图书馆的活动。

（二）讲解员大赛项目启示

图书馆开展营销工作，产品为图书馆的各种资源与服务，营销主体是图书馆，用户主要为在校读者。讲解员大赛初赛时以推荐图书馆的资源为主，由参赛选手介绍图书馆的纸质藏书或者分享电子资源。复赛以介绍图书馆的功能、图书馆使用方法为主，如图书馆的阅览室服务介绍、图书馆 OPAC 系统使用指南、移动图书馆使用方法等。因参与方式简单、内容丰富、比赛形式多样，吸引了许多大学生参与，参赛过程中加深了同学们对图书馆的了解，通过学习把图书馆服务再次呈现，项目效果良好。具体的启示有以下几点。

1. 项目有持续性

高校图书馆举办阅读推广活动已成为图书馆开展营销的普遍做法，每年以世界读书日为时间节点举办的读书节活动，以大学生入学和毕业时间点开展的新生季、毕业季活动，都是重要的时间节点，但是阅读推广不是随着某个活动而开始与结束的，是一个需要长期坚持的项目。

可持续性是营销活动生命力的体现，也是评估营销活动效果的重要标准之一。通过持续的营销活动，营销项目不断更新完善，与用户的关系更加牢靠，最终被用户接受并认可，形成品牌来运营。图书馆以讲解员大赛这一事件为切入点，引发读者的关注与参与，将图书馆资源、服务与理念相结合，运用校园广播、宣传海报、网站、微信公众号、学生交流群等传播手段引发用户注意，吸引用户参与到事件中，进而使得用户对图书馆的价值有新的认识、对图书馆产生黏度、增加用户忠实度。讲解员大赛营销项目由学生组织并实施，由高一年级向低一年级交接并传递项目实施规则与经验，对在校大学生形成了广泛的影响力，图书馆的价值得到重视，读者更容易接受图书馆的形象与服务。对参与活动项目的读者来说，这是个人学习生涯中的一段经历，然而对图书馆来讲，坚持多年成为一个品牌，对读者形成了长久的吸引力。

2. 营销有针对性

任何一种产品在设计与推广时，都要锁定合适的用户，了解营销对象的需求才能有的放矢。图书馆营销产品也一样，找准切入点，激发用户的参与热情，才能实现精准营销。图书馆实行精准营销的意义在于满足读者的信息需求，完善用户的知识结构，进而促进读者的全面发展。

大学生入校后对图书馆的环境与资源并不熟悉，对图书馆的使用方法与现代化检索技术比较陌生。图书馆针对学生读者策划讲解员大赛项目，营销内容包括图书馆基础知识、图书馆资源构成、馆藏查询方法，活动成本低，易于操作。只需要对图书馆有所了解，通过学习与体验，就能够参与，实现了真人体验式的精准营销。图书馆讲解员大赛设计营销对象也十分明确，面向全体在校大学生招募有志于图书馆服务、对图书馆有一定了解的人员，参与图书馆的讲解员大赛，经过选拔组建新生讲解员团队，为下一步图书馆推广工作积累人才。

3. 用户参与度强

用户参与营销对图书馆服务的完善与创新具有积极影响。因为用户不仅能传播图书馆的营销信息，还能够拉近图书馆与读者之间的距离，维护图书馆与读者之间的关系。

竞赛类营销活动有别于其他种类的媒体宣传类营销，强调营销对象的参与度，竞赛机制容易激励读者的热情，点燃学生心中的求知欲和求胜欲。参与讲解员大赛的报名人员通过自身使用图书馆，在大赛中与图书馆老师及其他同学进行交流，加深对图书馆的认知，不仅可以在大赛中获得奖项，他们的学习与传播活动还能带动身边的人了解图书馆，进而参与图书馆更多的营销活动。

大赛获奖同学成立了图书馆讲解员团队，在图书馆系统培训后，作为新的图书馆阅读推广成员参与图书馆后续的营销活动，将知识传递给下一届新生，用户参与图书馆营销活动逐渐常态化和规范化。

4. 主题更新

主题是大赛的灵魂，比赛各项任务都要围绕主题展开。讲解员大赛每年举办一次，策划团队会根据学校、图书馆年度计划或者新闻事件更新主题，2013 年活动主题为“图书馆——大学梦想开启的地方”；2014 年活动主题为“展示解说风采，闪耀理工舞台”；2015 和 2017 年主题为“爱阅读·爱分享！iRead·iShare！”；2016 年主题为“悦读正当时·分享在耳畔”；2018 年主题为“书香校园·文化理工”；2019 年主题为“品味书香·阅享青春”；2020 年主题为“同心战疫·共盼未来”；2022 年主题为“‘悦’入书海·‘阅’享春天”；2023 年主题为“新‘阅’拾光·享‘悦’如炬”。这些主题内容丰富，而且都紧紧围绕图书馆阅读、分享来展开，选手基于主题内容，在比赛中分享资源内容。

5. 项目具有传播性

讲解员大赛由学生组织和参与，他们既是图书馆的使用者，又是宣传者。由获得讲解员资格的学生作为营销点向外发散，达到连锁反应的营销效果。讲解员是学生中图书馆的代言人，图书馆有新的举措及服务，可通过讲解员向学生们及时传递与宣传。讲解员又是图书馆中的学生代表，学生们对图书馆的文献、服务及其他方面的建议可以通过讲解员传递给图书馆，贯通了营销主体与用户之间的渠道，利用“人”这个最有利的促销因素，实现图书馆的营销效果。

第三节　高校图书馆服务营销具体策略

一、强化自身建设管理以提供营销的内部环境

（一）重视服务营销理念创新

图书馆服务营销既可以作为改变馆员行为方式的方法，也可以成为馆员在服务过程中的新理念。因此，高校图书馆必须重视服务营销理念创新，为图书馆活动的有序开展提供保障。服务营销理念创新贯穿高校图书馆营销的整个过程，对图书馆服务营销策略的制定和执行有着直接的影响。一所高校图书馆，只有重视服务营销理念创新，才有可能重视图书馆的品牌建设和队伍建设，重视服务质量和服务模式，重视用户的需求和满意度，重视馆员业务水平的提升。只有服务营销理念创新了，才能进一步创新用户服务、创新服务营销策略、创新营销服务体系、创新品牌等。

高校图书馆应着重从以下三个方面来创新服务营销理念。

1.从业务导向转向用户导向

一切为了用户，为了一切用户，为了用户一切。高校图书馆必须构建以用户为导向的服务机制，充分调查、研究用户的需求，并尽最大的努力满足。

2. 从满足用户需求转向引导用户需求

高校图书馆有很多不同类型的用户，其需求可以分为现实需求和隐性需求。高校图书馆可以通过调查、统计、访谈等方法来挖掘用户的潜在需求或者隐性需求，并通过服务模式创新和服务质量提升来满足用户的隐性需求。

3. 从服务营销是营销馆员的活动转向服务营销是全员的活动

馆员是服务营销过程中重要的组成部分，高校图书馆应将先进的服务营销理念在馆员团队中广泛宣传，争取获得每一位馆员的支持和参与，信息咨询部、系统部、办公室等部门要积极与宣传部、营销部沟通合作，不管是资金、技术，还是在资源、组织方面，都要全力支持图书馆的服务营销活动。

（二）加强服务营销规划

系统的组织规划是图书馆服务营销活动获得成功的关键，图书馆的服务营销规划是一个完整的体系，包括服务资源的规划、服务营销策略的制定、组建服务营销队伍、规划执行与控制等方面。所以，高校图书馆必须整合一切服务营销元素，结合管理的创新点，实现服务营销的管理创新，具体包括以下四个方面。

第一，改革高校图书馆的组织架构，增设服务营销管理部门，对该部门馆员的工作实行弹性管理，使其有充分的自主权，提高他们的积极性和效率，以及他们对图书馆的归属感和向心力。

第二，通过开展情感激励、小组行动等活动，营造鼓励服务营销创新的文化氛围，打造创新、进取、合作的图书馆形象，促进馆员对服务营销活动的支持和参与。

第三，完善学习与培训机制，提高服务营销部门馆员的思想素质和信息素养，使其始终保持良好的执行力和高度的工作热情。

第四，加强营销信息共享机制和营销信息体系的构建，使图书馆各部门之间可以及时有效地进行充分的信息沟通，确保服务营销创新活动的顺利开展。

（三）开展针对员工的内部营销培训

1. 执行完善的馆员招聘制度

随着现代信息技术的发展和用户需求的变化，图书馆员的工作也日趋信息化、技术化，向研究的方向发展并深入。一名合格的图书馆员，不仅要有扎实的业务基础和满腔的工作热情，还必须具有敏锐的信息意识、出众的服务营销能力和高度的社会责任感。这意味着高校图书馆员的招聘也必须严格、高效、专业。馆员招聘的笔试内容既要考察图书馆的基础业务知识，还要贴近时代前沿和图书馆的未来发展方向。面试可采用结构化面试、压力面试、小组讨论等多种方式，以求公正，这样才能从源头上保证图书馆员的实力。

2. 培养团队意识

良好的团队协作有利于营造图书馆良好的文化氛围，提升馆员对图书馆的向心力和归属感，提高官员的工作积极性和工作效率。在高校图书馆的服务营销过程中，更要注重发挥每一位馆员的主观能动性，切实提高图书馆的资源利用率和信息服务水平，才能在品牌建设、关系营销、新媒体营销等方面做出成绩，进而提高用户对图书馆的认可度、尊重感和满意度。

3. 完善绩效评估制度，奖惩分明

绩效评估，直接关系到馆员的物质利益和工作态度。通过评估，可以全面了解馆员前段时间的工作表现和效果，从而帮助高校图书馆的领导层管理馆员，用适合的、有效的方法来激励馆员。

奖惩分明，对于优秀的馆员，要从物质上或者精神上给予激励，增强其自我价值感和工作成就感，激励馆员继续努力，争取更大的成功；对于思想懒散、效率低下的馆员，一定要予以警告，使其意识到自己的不足，督促其改正。

4. 加强馆员的营销训练

高校图书馆中几乎没有专业的服务营销人才，这是图书馆服务营销过程中的一大障碍。因此，高校图书馆必须加强对馆员的营销培训，通过开展讲座、课程教学、实际演练等活动来提高馆员服务营销的能力，从而建立一批宽口径、高素质、厚基础的营销人才。同时，要强化馆员的终身学习理念，要求馆员具有较高的信息灵敏度，准确把握市场行情，快速了解用户需求。高校图书馆的科研氛围浓厚，用户的知识水平和信息素养都比较高，馆员只有从自身出发，提高自身的业务能力和服务水平，才能为广大师生做好各种服务。

（四）加强基础设施建设

1. 馆舍建筑设计

高校图书馆的建筑设计要体现智能化、无障碍发展、可持续发展的理念，功能布局人性化，实现与图书馆信息相关的多样化的功能，同时具有本校或者本地区的建筑特色。图书馆的内部空间环境要着眼于用户的身心健康和便捷阅读，能够满足读者的人文精神需求，馆内的家具摆设、色彩搭配、空间布局等方面应做到美观大方，整体设计要彰显人文精神与本土文化底蕴。

2. 完善网络建设

随着近几年网络化建设初见成效，高校图书馆已经普及了计算机网络化管理，开设了网络服务项目，但一些高校图书馆出现计算机运行速度慢、系统稳定性不够的现象，给用户带来了不好的体验，也损害了自身形象。因此，高校图书馆必须加强网络化建设，及时更新软硬件设备，提高系统的稳定性，为读者的便捷使用提供一个良好的平台。

3. 引入智能化设备

人性化、舒适化是目前高校图书馆用户服务的发展方向，这离不开智能化设备的引入。高校图书馆应该坚持读者至上的原则，在综合评估的基础上向智能化方向发展，引入无忧读报、RFID 自动借还书、移动终端等先进技术设备。

二、引入市场服务营销策略并加以改造运用

（一）目标市场策略

目标市场策略，就是将用户进行分类，形成不同的目标市场，进而制定不同的营销策略进行营销活动。对高校图书馆的服务对象来说，目标市场可分为以下四类。

普通师生，他们利用图书馆进行学习研究和休闲娱乐，是高校图书馆服务的主要目标；对于这类用户，图书馆要向其提供充足、优质的信息资源和舒适的学习环境。学科带头人，他们是各院系的专家、教授，对信息资源的深度、广度都有极高的要求；对于这类用户，图书馆应充分利用自身资源优势和技术优势，将文献信息进行深度加工，形成二次

文献、三次文献，以满足用户的科研需求，同时利用馆际合作的优势，收集更多更全的信息资源。校外的企业市场，这类用户对电子信息资源和数据库有较大需求，希望高校的专业人才通过对一次信息的分析、整理、加工形成更有价值的二次信息。校外的个人市场，这并不是高校图书馆的主要市场，图书馆可依据实际情况选择是否对他们开展营销服务。

（二）营销组合（4P）策略

4P 策略包括产品（Product）、价格（Price）、渠道（Place）和促销（Promotion）四个要素，我们可以借鉴这一理论，提出高校图书馆的服务营销策略，包括服务产品策略、服务定价策略、服务渠道策略、服务推广策略。

1. 服务产品策略

根据产品层次论，高校图书馆的服务产品可分为四个层次：核心产品、期望产品、增值产品、增值产品。核心产品就是图书馆为用户提供查找、筛选、分析、加工、整理信息的服务。期望产品就是用户在图书馆除了获得所需信息外，还需要一些附加服务，如舒适的阅读条件、简洁准确的导引系统、快捷的信息检索和输出等。增值产品是指图书馆利用自身的资源和技术优势，研发的一些有鲜明特色和独特价值的信息产品。潜在产品是指用户通过对图书馆信息资源和服务的利用，提高了自身的文化修养和知识积累，增加了用户的情感体验和心理认同感。

根据以上分析，高校图书馆应该从以下几个方面确定服务产品策略。

定位策略。高校图书馆针对不同用户的不同需求提供个性化和差异化的服务。

质量策略。馆员对各类信息资源进行开发和加工，将分散、动态的信息直接揭示出来，加强信息的增值化和情报化，提高服务产品的质量。

新产品开发策略。面向校内，开发一些便于师生学习和科研的服务；面向校外，开发一些校外企业和个人所需的信息产品。

2. 服务定价策略

从根本上来说，高校图书馆作为高校的重要辅助单位，其性质和职责决定了其不能将自身的经济利益作为营销活动的中心。高校图书馆必须充分考虑用户的支付意愿和支付能力，在提升服务品质和服务水平的前提下，制定合理的收费标准，大部分的普通服务应免费或者只收取成本费。

高校图书馆常用的定价策略如下。

渗透性价格策略。渗透性价格策略就是把一些信息产品的价格定到较低水平，其目的是降低读者的使用成本，扩大市场占有率，这是高校图书馆常用的定价策略。它适用于浅层次的、传统的情报信息服务，如文献复印、扫描、光盘刻录等。

垄断价格策略。垄断价格策略是指可以根据实际情况灵活定价，适用于图书馆的特色产品。

输出效果定价策略。输出效果定价策略就是根据用户对信息服务的使用效果进行定价，如馆内的电子产品。

差别定价策略。差别定价策略就是针对不同用户制定不同价格。

此外，用户在获取信息的过程中，必然要投入一定的时间，这就要求高校图书馆的工作人员采取一些措施来降低用户获取信息的成本。

3. 服务渠道策略

服务渠道策略就是使用户能够接近并使用产品进行各项活动的策略，主要包括实体渠道和网络渠道。

实体渠道。对于传统的实体的信息产品和服务，高校图书馆应把重点放在空间布局、环境氛围、书刊排列、服务内容展示等方面。高校图书馆要遵循开放化服务的理念，尽可能地拓展开放空间，延长开放时间，扩大服务范围；在借阅布局、信息资源检索、信息点设计、信息设施的配备等方面应优先考虑读者的使用习惯，塑造和谐、温馨、高雅、舒适的馆内氛围，使用户切身感受到信息服务带给自己的精神享受和心理满足，从而提升用户的满意度。

网络渠道。对于新型的数字化的信息产品和服务，高校图书馆应该把重点放在图书馆网站建设、在线目录、光盘数据库、网络导航、资源的合理布局、虚拟参考咨询、搜索引擎的跨界合作等方面。高校图书馆必须借助互联网的强大优势，提供信息产品和服务，同时利用电子邮件、传真、屏幕显示、数字化传递等方式，使用户在较短的时间内接收更多、更有效的信息量。

4. 服务推广策略

服务推广策略是指通过公关、促销等活动，将高校图书馆的信息产品和优质服务推广出去，使潜在的读者变成现实的读者，扩大图书馆的用户量，具体包括以下策略。

举办服务宣传活动。高校图书馆可以设立专门的服务宣传周来组织文化交流活动，用讲座、论坛、报告等形式对图书馆的信息资源和优质服务进行宣传，提高图书馆在用户心中的地位，吸引更多的用户成为图书馆的消费者。此外，高校图书馆还可以制作具有本馆特色和 logo 的钢笔、书签、鼠标垫等用品，作为赠品分发给用户。

利用传统新闻媒体进行宣传。传统媒体的宣传推广方式仍然可以帮助图书馆发展更多的用户。高校图书馆一定要发挥主观能动性，增加曝光率，让更多的人认可并积极使用图书馆，激发用户的潜在需求，提高图书馆的知名度。

重视新媒体的利用。网络媒介宣传具有时效性强、方便快捷、形式多样、易于接受等特点。例如：运用 Blog、RSS Feeds、提醒服务等方式向读者推广图书馆的信息产品和服务。移动通信媒介的宣传，除了移动短信服务，高校图书馆还可以利用微信提供文献请求、参考咨询、书目检索、讲座预订等服务，创建订阅号、公众号、微信群来吸引用户参与，让用户通过扫描图书馆的二维码直接得到图书馆的相关信息。

采用人员营销策略。参考咨询部、流通阅览部的工作人员，和用户直接接触的机会最多，他们必须发挥自身的营销特长，多方面了解用户的信息需求，为图书馆的决策制定和活动开展提供一手的资料。同时，他们的言谈举止也在一定程度上代表着图书馆的形象，他们与用户的良好沟通可以让用户感受到一种愉快的阅读氛围，用户的口碑会将成为无形的宣传。同时，高校图书馆也要重视对教师用户的宣传，因为教师在引导学生从图书馆获取信息和服务方面有重要的影响。

注重环境营销策略。环境营销即充分利用高校图书馆的内外环境来宣传推广图书馆的产品和服务。近年来，高校图书馆十分重视信息共享空间的建设，充分利用图书馆的资源、技术、位置优势来对图书馆的业务流程和各项功能进行整合，方便用户获取信息。

（三）关系营销策略

关系营销是从全面、系统的角度，对供应商、竞争者、消费者、政府机构等各种社会机构进行分析，针对不同的对象，采取不同的策略，其目的在于建立良好的公共关系，促进企业的良性发展。关系营销的核心思想是在各项条件均相同或相似时，人们往往会倾向选择知名度高的、可信任的对象进行交易。高校图书馆作为高校的重要教辅单位，要想与读者保持良好的关系，首先要与学校、政府机构、供应商、竞争对手、新闻媒体等搞好关系，只有如此，高校图书馆才能更好地达成目标。

高校图书馆的关系营销应着重从以下几方面下手。

1. 学校方面

高校图书馆是高校的重要组成部分，其服务宗旨、发展规划、综合部署、人事层级等都要与学校保持一致。在具体事务的处理上，高校图书馆应充分发挥能动性和自主权，高效地完成工作。高校图书馆应为高校的发展做好支持与辅助工作。例如，学校或者某个院系承接重大科研项目时，高校图书馆应该发挥优势，做好文献代译、信息传递、前沿跟踪等工作。

2. 供应商方面

高校图书馆的供应商包括各类出版社、数据库供应商、网络服务商、设备提供商等，双方存在经济、技术、信息等多方面的资源交换。双方的关系决定了图书馆能获取的资源的数量、质量以及获取的速度，这种关系具有协同性、互利性、双向性和及时性等特点。处理这一关系的原则为节约成本，友好互利。比如，高校图书馆可以为某个出版社提供馆内的书刊展览活动，吸引读者了解该出版社的一系列特色产品，扩大出版社的知名度和影响力；图书馆在购买该出版社的书籍时，就能获得优惠，节约成本。

3. 竞争者方面

伴随着技术的发展，高校图书馆面临的竞争更加激烈，一些商业化的信息传递机构、数字图书馆运营平台、免费服务信息的提供者等都是高校图书馆强有力的竞争对手。面对竞争激烈的局面，高校图书馆活动的主要目标是争取与那些资源互补的竞争者的合作，从而实现资源的共建共享、知识的转移和更高效的利用。具体来说，高校图书馆可以与一些数字图书馆开发机构合作，形成战略联盟，从而分担巨额的产品开发费用，避免重复建设和资源浪费。

4. 社会机构和个人方面

高校图书馆普遍存在资金不足的局面，对比可以以图书馆或者学校为名义设立教育基金，为校内外人士的捐赠提供方便快捷的渠道。对于社会机构和爱心人士的捐款，高校图书馆应该做好登记备注和财务公开工作，确保规范合理。例如，李嘉诚捐资创办汕头大学时十分重视图书馆建设，建成后的图书馆总建筑面积达到了两万平方米，不仅为学校的发展做出了贡献，也为捐献者赢得了美誉。

（四）文化营销策略

文化营销策略指的是利用文化底蕴和文化背景，充分展现图书馆或者高校的文化特色。每一所高校都有自己的办学特色，既体现了本校的优势学科，也蕴含着当地的地域特色和风土人情，高校图书馆是最能够充分展示这种特色的平台。例如，汕头大学图书馆十分重视潮汕地方文献与海外潮籍华侨华人相关资源的收藏、开发和服务，积极推进潮汕文献共建共享数字化建设，致力于潮汕区域地方文献数字化图书馆的建设，朝着建设成为一个在国内外有影响力的潮汕文献咨询中心的方向努力。这种对潮汕地方文化的尊重既保护了相关文献资源，又形成了自己的文化特色。在文献推广方面，汕头大学图书馆一方面举办讲座、培训、宣传服务周、知识竞赛等活动来吸引更多的读者，另一方面又充分利用网络新媒体达到宣传效果。

高校图书馆还应举办一些用户容易参与并且互动性强的文化服务活动，培养学生利用图书馆学习的意识和终身学习的良好习惯。例如，黑龙江大学图书馆举办的阿拉伯文化宣传周活动，展示内容不仅有图书、钱币、茶叶、香水等物品，还有别具特色的阿拉伯民族服饰，受到了广大师生的青睐。这样的特色文化宣传推广活动可以增加同学们对不同文化的了解，加强校园精神文明建设，营造健康文明、积极向上的校园文化氛围。

三、高校图书馆服务营销策略的实施

高校图书馆的服务营销可分为三个阶段进行。一是服务营销策划阶段，负责营销的馆员通过分析和调查来选定目标市场，根据不同的服务目标，制定不同的服务营销策略，经过不断的修改和完善，以书面形式确定服务营销计划及具体的执行方案。二是服务营销计划的执行阶段，即将书面的服务营销计划付诸实践，并在执行过程中再次根据实际情况修改和完善，使服务营销计划既符合实际又不脱离服务目标。三是服务营销活动的评估，评估指标包括该次活动的质量如何、是否达到预期的服务效果、哪些地方需要提高等，这就要求馆员对整个服务营销活动进行回顾，通过全面的调查分析，做出书面评估报告高校图书馆服务营销具体实施步骤如下。

（一）确定服务营销目标

作为非营利组织，高校图书馆有着与其他组织不同的社会责任和使命。高校图书馆创收渠道较少，资金不够宽裕，所以要更加明确自己的目标和方向，合理高效地利用人、财、物资源，做让用户满意的图书馆。再者，高校图书馆是一直向前发展的，每个阶段的任务不同，要达成的目标也不同，只有充分地了解当前的用户需求状况和图书馆的内外环境，才能制定好该阶段的工作目标，做到有的放矢。

（二）做好用户调查，了解服务营销环境

用户调查就是通过一系列的行为来搜集有效的数据资料，帮助图书馆的决策者了解用户的现实需求和潜在需求状况，从而为服务营销策略的科学制定提供依据。营销环境就是与图书馆开展营销活动密切相关的

微观环境和宏观环境。具体来说，高校图书馆的微观环境包括书商、用户、馆内的各类组织等；宏观环境包括各项法律法规、区域经济文化状况、社会文化氛围和社会价值观等。只有全面分析微观环境和宏观环境，才能发现机会，从而采取积极措施，力求扬长避短。

通过用户调查和营销环境分析，可以将目标用户进行细分，然后根据不同用户的不同需求特点，从产品设计、价格策略、渠道沟通到服务推广等方面，采取一整套的服务营销方案，从而实现产品和服务的个性化、多元化。

（三）制定服务营销计划，便于控制

对高校图书馆来说，服务营销计划有 6 个特点：促使决策层进行系统的思考和预判；促使决策层制定服务目标，并将其作为控制的标准；使图书馆的业务更加协调；促使图书馆对服务目标和方案进行管理；帮助图书馆做好应急规划；促进各部门之间的协调。

高校图书馆的服务营销计划包括本次营销活动的用户调查结果、图书馆营销要达到的目标、具体的行动方案、有关因素的影响、营销参与部门和个人工作的分配、营销完成之后的评估报告等。

（四）执行服务营销方案

高校图书馆服务营销活动的核心就是执行服务营销计划中具体的方案。一方面要提高高校图书馆的执行力，另一方面要在方案执行过程中做好全程控制。在执行过程中要随时跟进每一个环节，并把反馈情况及时传达给责任人，使其能够全面了解整个服务营销活动以及每一环节的开展情况，并做出相应的调整、修改和完善。控制是一个循环工作，要先将执行情况反馈给责任人，再引导责任人完善方案，最后执行新的方案。

（五）评估服务营销活动

评价高校图书馆的服务营销活动，要在活动完成之后，通过一系列方式调查用户对新的产品和服务的满意度，明确本次营销活动中值得借鉴的地方和需要改进的地方，从而为高校图书馆以后的工作开展提供方向。营销评估报告应通过数据表格、工作总结等形式展现出来，这既肯定了图书馆员的工作，又提高了图书馆的工作效率。

参考文献

[1] 陈陶平，赵宇，蔡英 . 现代高校图书馆管理与服务探究 [M]. 北京：九州出版社，2017.

[2] 董长瑞 . 西方经济学 [M]. 北京：经济科学出版社，2006.

[3] 龙斌 . 高校图书馆社会化服务研究 [M]. 长春：吉林出版集团股份有限公司，2019.

[4] 云玉芹 . 新时代高校图书馆社会化服务与创新 [M]. 长春：吉林人民出版社，2021.

[5] 杨琳 . 高校图书馆管理与阅读服务模式创新 [M]. 长春：吉林人民出版社，2019.

[6] 刘崇学 . 论知识经济条件下高校图书馆职能的转换 [J]. 河西学院学报，2004，20（3）：124–126.

[7] 李海鹰 . 高校图书馆运营模式转换与服务体系重建 [J]. 情报杂志，2004（9）：118–119.

[8] 郝丽梅 . 图书馆个性化信息服务新模式：微信 [J]. 河南图书馆学刊，2014，34（8）：58–60.

[9] 古江华 . 高校数字图书馆个性化信息服务研究 [J]. 才智，2017（28）：89.

[10] 曾春，邢春晓，周立柱 . 个性化服务技术综述 [J]. 软件学报，2002，13（10）：1952–1961.

[11] 谢丽娟，郑春厚，吴庆伟 . 中美高校图书馆社会服务比较研究 [J]. 图书

馆建设，2009（2）：64-67.

[12] 王槐深，白广思.区域高等教育文献信息资源整合的原则与策略：以HALIS建设与发展为例[J].河南科技，2009（9）：10-11.

[13] 胡福孝.读者需求变化与图书馆学科化服务[J].钦州学院学报，2007，22（6）：114-116.

[14] 冯禹丁.IBM抛砖“智慧的地球”[J].商务周刊，2009（7）：72-74.

[15] 赖群，黄力，刘静春.借助“物联网”与“云计算”技术构建智慧图书馆[J].新世纪图书馆，2012（5）：46-49，34.

[16] 郑文晖.基于SWOT分析的高校图书馆企业信息服务营销策略研究[J].情报杂志，2009（11）：193-197.

[17] 马玲.高校图书馆个性化信息服务和My Library系统探讨[J].黑龙江科技信息，2016（27）：192.

[18] 宋红娟.高校图书馆个性化信息服务方式研究[J].图书馆学刊，2016，38（8）：75-78.

[19] 陈臣，尚庆生.基于大数据的图书馆个性化推送服务质量保障研究[J].现代情报，2014，34（11）：92-95.

[20] 王胜利.高校图书馆个性化信息服务分析[J].情报杂志，2005（12）：140-141，144.

[21] 黄润芬.网络环境下图书馆个性化信息服务探析[J].现代情报，2006（2）：58-60.

[22] 胡琪君.个性化主动信息服务：虚拟图书馆服务新模式[J].图书馆学刊，2006（1）：78-79.

[23] 邹育华.试论网络环境下的图书馆建设[J].图书馆工作，2004（2）：19-20.

[24] 丁琳，吴长永.数据挖掘在远程教育个性化服务中的应用[J].电化教育研究，2002（9）：43-46.

[25] 郝亚玲.Push技术：网上个性化信息服务的实现[J].情报杂志，2002

（10）：55–57.

[26] 符敏慧．智能 Agent 技术与个性化信息服务的实现 [J]. 情报杂志，2004（1）：97–98.

[27] 马献明，严小卫，陈宏朝．个性化网上信息代理技术的研究概述 [J]. 广西师范大学学报（自然科学版），2000，18（3）：40–44.

[28] 曾飞国．个性化信息服务的利器：智能代理技术 [J]. 现代情报，2004，24（1）：127–128.

[29] 何军，周明天．信息网络中的信息过滤技术 [J]. 系统工程与电子技术，2001，23（11）：76–79.

[30] 栾旭伦．大数据环境下高校图书馆个性化信息服务系统研究 [J]. 图书馆学刊，2014（8）：118–121.

[31] 彭文梅．大数据时代高校图书馆信息服务创新与发展 [J]. 河北科技图苑，2014，27（3）：14–16.

[32] 戴月俊．从美国远程教育看美国高校图书馆的远程服务 [J]. 高校图书馆工作，2004（1）：32–33.

[33] 孙茗．德国图书馆馆际互借的发展 [J]. 江苏图书馆学报，2000（5）：61–63.

[34] 唐元华．高校图书馆社会化服务经费保障机制 [J]. 山东社会科学，2011（S1）：60–61.

[35] 黄筱玲，赖宁，宋小华，等．湖南省高校图书馆信息资源共建共享模式研究 [J]. 情报理论与实践，2004，27（6）：618–621.

[36] 范爱红．美国康奈尔大学的学科馆员工作模式及其启示 [J]. 图书馆杂志，2008（2）：63–66.

[37] 王远康．适应高校学科建设的学科馆员制度探讨 [J]. 农业图书情报学刊，2006，18（1）：82–85.

[38] 林美惠．高校图书馆学科馆员的角色定位与工作职责探析 [J]. 福建农林大学学报（哲学社会科学版），2006（3）：94–96.

[39] 张畅 . 非营利组织视角下的高校图书馆营销研究 [J]. 农业图书情报学刊，2011（10）：5–7，15.

[40] 方立 . 图书馆服务营销与推广研究 [J]. 科技情报开发与经济，2011（18）：8–11.

[41] 张明霞 . 从图书馆的服务特性谈图书馆服务营销 [J]. 现代情报，2009，29（10）：49–52.

[42] 王嵘 . 高校图书馆服务营销策略分析 [J]. 图书情报工作，2008（6）：128–130.

[43] 伏潆滢 . 图书馆服务营销管理研究 [J]. 国家图书馆学刊，2009（2）：71–74.

[44] 熊莉君 . 市场营销在大学图书馆信息服务中的运用 [J]. 科技情报开发与经济，2009（15）：25–26.

[45] 朱剑 . 服务营销在高校图书馆中的建设与应用 [J]. 岱宗学刊：泰安教育学院学报，2009（1）：115–116.

[46] 姜麟 . 基于定位理论的高校图书馆服务策略研究 [D]. 哈尔滨：黑龙江大学，2015.

[47] 李茜 . 秦皇岛市高校图书馆个性化信息服务研究 [D]. 秦皇岛：燕山大学，2018.

[48] 董秀娟 . 网络环境下高校图书馆个性化信息服务研究 [D]. 曲阜：曲阜师范大学，2010.

[49] 吕莉 . 面向企业的高校图书馆信息服务研究 [D]. 湘潭：湘潭大学，2011.

[50] 赵亦可 . 我国高校图书馆服务营销策略研究 [D]. 郑州：郑州大学，2015.